Part One
世界光影

Part Two
時間記憶

I am a slow walker,but never stop

我走得很慢，但我從未停下來

我比現在更年輕一點的時候，一直奉行人生嘗試論。在我的相對論中，A和B如果同樣活了七十歲，但A嚐過的水果種類是B的十倍，A看過的風景是B的十倍，A見證的有趣人物事件是B的十倍……那麼A的生活效率是B的十倍。換言之：在某種意義上來說A的生命長度相當於B的十倍。直到某一天，我才突然明白，我自創的延年益壽法，不過是旅行和冒險的代名詞。

十六歲，我和同齡的Eva在墨爾本郊區度過了夏天。我時常紅著臉躺在她的床上，聽她描繪和幾個男孩的戀愛。我在離她家不遠的跳蚤集市上買到一個野人木雕，兩年後在倫敦的鴿子廣場上，恰巧又找到了它的兄弟。它們擺出不同的姿勢，一個拿了矛，一個拿了盾。那一年，為迎接千禧年所建的倫敦眼即將完工，在我眼裡它是一個可以直通天堂的巨型怪物。直到十年後我才登上了這個摩天輪觀看泰晤士河兩岸夢幻的夜色，只是那時它看起來離天堂還很遠。

二十歲那年我即便化了妝穿了媽媽的衣服，依然被雲頂賭場的保安識破年齡，擋在門外。現在我會帶點兒自豪地掏出我的駕照，交給超市賣酒的售貨員或者賭場員工。瞧，變老並不總是壞事。

二十二歲那年我在滿是蝗蟲的草原遊蕩，寄宿於一個個蒙古包，直到回到東巴爾虎旗縣城時，再嫻熟的洗頭女也解不開我乞丐般的長髮。

二十四歲在瑞士洛桑的聖母大教堂，我和敲鐘人一起忍受漫長黑夜，等待黎明的第一道曙光。我站在教堂頂端、城市的最高點，貪婪地盯著每一扇亮著燈的窗口。從那一夜起，我迷上了別人的窗戶。每當夜色冷而孤寂，我會像那天晚上一樣站在馬路上偷偷觀看橙色的燈光、電視機裡無聲的節目、溫暖的晚餐和孩子的頭頂。我渴望成為這種生活的一員。

二十六歲那年在約翰尼斯堡的賭場，魔術師把一把不銹鋼湯匙放在我手中。我如同握著自己的靈魂一般牢牢握著它，試圖抗拒魔術師「超能力」的進攻。可我還是失敗了。那把湯匙像著了魔似的在我理性的拳頭中扭成麻花。它至今躺在我的抽屜裡，無人可以把它扳回原形。我從此不再相信自己的眼睛。

二十八歲在馬賽馬拉草原（Masai Mara）上，星星像是被砸出來的窟窿，我和馬賽族人用紅光追蹤著剛捕食完斑馬的獅群。弱肉強食，是人類的另一則寓言。並不是只有日本的海令我感動，我曾經獨自坐渡輪前往海南的龍樓鎮。在路邊的茶水攤上，我用一杯甜到發膩的海南咖啡打發一個下午。這個暴雨遲遲未至的午後，啟發我用三年時間寫下憂傷的熱帶故事《龍樓鎮》。到了應該追求安逸的年紀，我卻放棄了得心應手的生活，在大洋彼岸選擇了一個很難攻讀——平均需要八年才能畢業——或許還難以就業的人類學。我只是想給自己找一點兒難度更高、更好玩的事。我慶幸自己可以把人生中最好的時光在一個甘於寂寞的美國西部小鎮上度過。那裡風景優美，圖書館窗外便是湖泊和森林。我們關心非洲巫術、瑪雅遺跡、太平洋島國的母系社會等等看起來很重要，又好像並不重要的事情。我們總是說，如果我們不夠愛，只因為我們瞭解得不夠多。時常有人對我說，我對自己不負責任，總是故意製造障礙，把自己的生活變得更為艱難。他們還說：「瞧妳如此勤奮和努力，卻並沒有走得更遠，只是在原地繞圈。」

　　我抹去，又重新開始，但驕傲的是我從沒有走過捷徑。我沒有停下腳步，而是一步一步，用我所有的時間和力氣在行走。如果可以打開人生地圖，從直線距離看，我離開得並不遠，但我行走的距離已經足夠長。我讀的足夠多，見的足夠多，聽的足夠多，嚐的足夠多。我著迷的，是一切不可重複的。我喜歡無規則的美，暴戾的大海，溫柔的陸地和所有不至於奪命的驚奇。我喜歡養著孔雀、掛著畢卡索真跡、仙女赤足起舞的最昂貴的酒店，也喜歡床頭擺放藍色佛像的小客棧；我喜歡能撞見好萊塢明星的米其林三星餐廳，也喜歡金邊中央車站前亂糟糟的大排檔。我懷念希臘的鬥雞場，恆河邊黃昏時的吟唱，維多利亞瀑布上空永恆的彩虹，里昂的清晨魚市，甚至是那個把我停留在百米高空，讓我被雷雨淋成落湯雞的簡陋纜車。我喜歡一切好的、壞的、感動的或者厭惡的，因為它們不可重複、不可撤銷，或許，不可記錄。我走得很慢，但在跋涉中成長。每一天都是嶄新的。沒有什麼傷害是永恆的，也沒有什麼榮譽是永恆的，所有這些此時此刻最終將成就一個你。

　　重要的不是
　　你最終到達哪個位置，而是無論停
　　在哪個位置，你都將因為無與倫比的
　　經歷而成為無與倫比的你。

Part One
世界光影

▶ Chapter 01 ◀

〔芬蘭〕
Finland
/
假冬天之名
的設計能量

我想這個國家的一切故事，
都和漫長的冬天有關。

萬塔機場 Hilton Hotel

　　我第一夜住在萬塔機場的希爾頓酒店。它以設計著稱，當然，不僅僅是指某個轉角上的幾把「Alvar Aalto」經典椅子。一走進大堂，積雪、森林、湖泊，這些最符合人們對芬蘭的想像的意象，便被融入前臺、大堂吧等各個功能區中。電梯門打開後正對著的窗玻璃上被貼了畫著藍天綠樹的透明薄紙，此刻窗外是大雪，兩種影像重疊，讓你在只有水泥和金屬的機場就感受到自然的氣息。

　　芬蘭設計質樸、細心，甚至微小，幾乎隱形，從不會讓你一驚一乍。

　　走廊的牆壁上總是多出來一道杆子，看似無用，其實它們是為了防止你拖行李箱時撞上牆壁，弄髒牆壁；而房間和衛浴間中間的玻璃，是為了引入自然光，讓喜歡下榻這家酒店的空姐們可以有更好的光線化妝。

　　這就是芬蘭設計，處處關懷你的需求。

← Fiskars過去的生產地如今已成為芬蘭藝術和設計的中心，
　各個季節有不同景致。

在赫爾辛基的「Market Square」，海鷗成群，一艘維京郵輪撥開波羅的海上的浮冰正在進港。雕塑家「Ville Vallgren」創作的雕像《波羅的海的女兒》，恐怕是最受歡迎的一尊。每年的勞動節（Vappu），大學生們穿著像油漆工制服的學生服，紛紛給這位裸女戴上帽子。

學生服上眾多的口袋是為了放啤酒瓶的。每年的這一天，他們湧上街頭，喝得酩酊大醉，把酒瓶子砸碎在街道上；而十個月以後，便是嬰兒出生的高峰期——這一切，都是假春天之名。經過漫長的寒冬後，他們太需要以撒野來慶祝春天的到來。

我想這個國家的一切故事，都和漫長的冬季有關。

Iittala Village 玻璃

當我站在「Iittala Village」深深的積雪中，望著那光溜溜的白樺樹和被映得蒼白的米色牆時，不禁這麼想。只有長期身處冰天雪地的人們才有心思去打造和賞玩這些彩色玻璃鳥——熱帶雨林裡的人是不需要的。

由Anna帶我們去看「鳥巢」。她住的地方和「Iittala Village」隔著一個湖，她夏天划船來上班，冬天溜冰來上班。她家的農場裡養了幾匹馬和幾條狗，她不時給雜誌寫些分析動物心理的文章。她正盤算著離開村子，專職去研究動物。

「鳥巢」其實是生產玻璃鳥的車間。在火爐的加溫下，車間內溫度很高，玻璃技師們有些索性光著臂膀，露出紋身。角落裡的那一群正忙著打造淡紫色的冷水瓶，稍有偏差，造型就走樣，負責把關的工人便毫不留情地把瓶子扔進回收車。車間內發出此起彼伏的清脆的碎裂聲。

Iittala Village外的大雪。　→

另一頭正在製作玻璃鳥。一位老吹製工人對著一根管子,把那團紅色玻璃吹成滾圓的鳥身。一個女孩拿來一朵金色的玻璃往上一滴,再經老工人一夾,就做成了一個鳥頭。一隻豔紅清透的小燕鷗誕生了。

鳥的身材有的圓潤,有的偏扁,鳥嘴形態也千差萬別,某些嚴苛的標準決定了這些小燕鷗到底是一級品還是只有半價的二級品。

位於赫爾辛基以北郊外的「Iittala Village」因一八八一年玻璃工廠的建立而得名,當時玻璃製造可是很現代的工業。村中最早的一批吹製工人來自瑞典、德國和比利時,他們在漫長冬天裡唯一保留的那點兒家鄉的樂趣便是喝啤酒了,以至於多年後的今天,這門嗜好成了典故:壯漢們毫無積蓄,把每天的工錢都換成了下班後的那一紮酒,他們甚至在村子裡造了一間啤酒廠!

如今很多年輕人前來求藝。但若要真正掌握這門技能,先要六年寒窗,再實習三年,才能合格畢業。當我們經過實習走廊時,只見學徒們正在吹製一些自己設計的小物件。如果你買下,就能讓製作者為你簽上大名。沒準哪天,這一位平凡的學徒便成了大師。

← Iittala 的那些彩色玻璃鳥讓
　 人心情愉悅。

但最關鍵的是，要記得在這只幸運的小杯子誕生之前，有無數的兄長犧牲在了玻璃堆中。

「Iittala Village」內的自助餐提供馴鹿肉糜，味道不敢恭維，但有什麼關係呢？我們是來看玻璃的。珍藏了從古至今的玻璃珍品的玻璃博物館，能夠叫一切遜色。早期的木模具簡單，玻璃沒有色彩，厚重純淨，如同寶石；後期的玻璃製品越來越奇妙，如同一個魔術。「Oiva Toikka」早期設計的鳥類，不那麼逼真，倒像童話裡的夜鶯；而窗前陳列的芬蘭國寶「Alvar Aalto」和夫人「Aino Aalto」早期設計的玻璃杯，濃墨重彩，以雪地裡的陽光為底色，焯焯生輝。

一九三七年，「Alvar Aalto」設計了一款曲形玻璃器皿「Aalto Vase」，代表芬蘭參加巴黎世博會。它那象徵芬蘭湖泊的不規則形狀，如今已擺放在千家萬戶的桌子上，盛裝著杏仁、紙片或煙灰。而「Tapio Wirkkala」在一九六八年創作的極凍系列（Ultima Thule）飲水器皿，氣質高貴，可裡面只是裝著普普通通的蒸餾水，送到你的嘴邊。繪畫著「Moomin」（芬蘭卡通形象，像河馬）和女朋友的「Arabia」的瓷器，十分厚實，喝熱牛奶正好。

「Iittala」通過和設計師的合作，使高深的藝術品成為觸手可及的生活用品。

Artek 家具

聖誕老人為什麼喜歡住在拉普蘭這麼冷的地方？我想，他大概喜歡穿厚衣服來遮掩自己的身材吧。若問芬蘭的家居設計為什麼如此有名，我猜，這裡天黑得早，冬天過於漫長，沒有去處的居民只能花更多的心思在室內擺設上，以便獲得一些窩家的樂趣。

一九三五年「Aalto」夫婦與朋友一起創建了「Artek」公司，旨在賣家具的同時，宣導家居生活的現代文化理念。「Alvar Aalto」這位建築大師，設計起家具來同樣有想法。他在三十年代創立了「可彎曲木材」技術，將樺樹巧妙地模壓出流暢的曲線，設計出當時最具實驗性的扶手椅。而他在一九五三年設計的那盞像被切開的大柚子的吊燈，至今看起來還是有點稀奇。

如今赫爾辛基的「Artek」店鋪在出售經典家具的同時，也銷售燈具、餐具及紡織品。它們中的許多設計，特別是燈具，已經經由中國山寨版的推廣而為我們所熟識。

Fiskars Village 剪刀

你想像不到一把剪刀的能量。

十七世紀，瑞典「Christina」女皇賜給荷蘭商人開採鐵礦並製造大炮以外的物品的權利。一九四九年，「Peter Thorwöste」借此良機在此地建立「Fiskars」的採鐵工業。當時在「Fiskars」開採的大部分生鐵都被運往斯德哥爾摩的市場銷售，直到「Thorwöste」被許可從瑞典、荷蘭等國引進工人，有了自己的鐵製品製造技能。

你不會想到三百六十年前那個只會製造鐵釘和鋤頭的工廠，如今已成為國際集團，把「Fiskars」、「Iittala」、「Gerber」、「Silva」和「Buster」等大品牌都收至麾下。你也不會想到當年黑煙燻臉的村莊如今竟成了芬蘭藝術和設計的中心。

A是個笑容可掬的老太太，個子矮胖，門牙凸起，就像會在哈利·波特系列電影裡出現的某種田鼠。她一邊帶著我們在戶外散步，一邊介紹這座村莊的歷史。雖然此刻冬天大雪封存了一切，但我能從照片上看

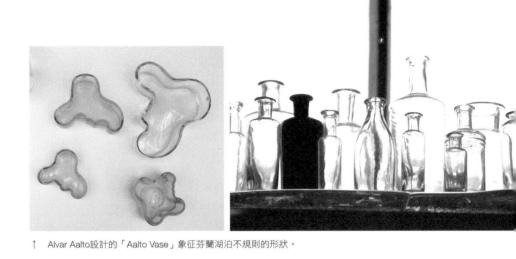

↑　Alvar Aalto設計的「Aalto Vase」象征芬蘭湖泊不規則的形狀。

見春暖花開後的景色：泉水流淌，森林靜謐，古宅幽深，美如仙境。難怪工匠、設計師、藝術家紛紛把工作室搬遷至此。

　　這裡看似偏遠，你卻可以買到最時尚的設計產品，從創意小家居，到剛加工完成的大件家具，到簡約風格的銀飾，一應俱全。小型酒店和餐廳也應運而生。一到夏天，這座鐵礦小鎮就成了隨著睡美人的蘇醒而復活的家鄉，滿是遊人和綠色。

　　我們去拜訪家居設計師K先生，他有酷酷的白髮、白鬍，獨眼，穿一件粗毛線衣。他帶我們參觀他的地下工作室，裡面停放著大型木材加工機器。黑乎乎的地面看似石頭，實際竟是剩餘木料鑲嵌成的。而旁邊停著的那口剛完工的樺木棺材不知為誰而造，也吻合北歐設計簡練、素淡的風格。

　　我在「Fiskars」的收穫是幾把折疊剪刀，和小時候我們常用的不銹鋼剪刀一樣，只不過把手是橙色塑膠。關於「Fiskars」的標誌性顏色有一個說法：本來「Fiskars」的剪刀上並沒有橙色，是一個調色工疏忽，把一批貨的顏色調成了獨一無二的橙色，就此沿用至今。現在最常見的剪刀款式是由芬蘭設計師「Olof Backstrom」在一九六〇年設計，它巧妙地融合了人體工學，據說怎麼剪，手都不會感到累。

住在Fiskars設計村的家具設計師，他的工作室下面的地下室是一個木家具加工車間。

Marimekko 面料

對於芬蘭人來說，冬季不僅僅屬於四季的概念範疇，還有「二戰」後的經濟蕭條所帶來的寒冷。那時候北歐以至於整個世界，都情緒低落、頹唐，看不到生活的希望。

一九五一年，「Marimekko」誕生了，她就像一個不知憂傷為何物的小女孩，一路哼唱著快活的歌兒走過灰暗寂寞的街頭。她所到之處，必定變得鮮活、豔麗、快活，甚至高亢。

創始人「Armi Ratia」希望，「Marimekko」能以振奮人心的色彩讓春季常駐人們的起居飲食中，使人重拾生活的希望。是的，「Marimekko」的面料正有這樣的感染力。上世紀六〇年代，甘迺迪夫人Jacqueline Kennedy瘋狂迷戀此品牌，以至於在甘迺迪競選時，她共換了六套富有寓意的「Marimekko」服裝，從而推動這個擁有樂觀主義的品牌風靡全球。

　　參觀「Marimekko」工廠時，現代流水線上正生產著經久不衰的花樣，而今年將推出的新花色則被掛在走道兩側。無論潮流如何變化，「Marimekko」多年來未變的是：始終大膽使用桃紅、翠綠、明黃、紫羅蘭等顏色，並把小汽車、森林、花朵、鱷魚的卡通形象拽上布料。它就像一個花枝招展的大姑娘，但內心如孩童般天真純潔。

　　在自殺率曾一度排世界第一的芬蘭，幾乎每個家庭都會有一套以上「Marimekko」的床單或者桌布。我記得有一塊面料在天藍色底子上畫了一頭提著袋子，穿著高跟鞋的粉紅色大象，叫人忍俊不禁。據說這是設計師的小女兒想像中的「大象購物歸來」。或許「Marimekko」真的是治療憂鬱症的良方。睡在如此可愛的被單中，你還有什麼機會去擔心窗外的夜色漫長呢？ ········· ✈

▶ Chapter 02 ◀

〔塔林〕
Tallinn
／
冰海對岸的
古老懸念

我們玩的是一種找尖頂的遊戲，
想像塔林古城是一個錯綜複雜的棋盤，
而我們是那些可以移動的棋子。

　　波羅的海每年冬天都結冰。在全球變暖以前，原始人也許是踏著海面，從赫爾辛基一直走到了塔林。現在，我們坐船。

　　如果我是海鷗，就可以看見通體明黃色的「Tallinn」郵輪是如何在波羅的海上破冰緩行。而現在，我們只能坐在溫暖的船頭大廳，喝香檳，對著整面玻璃幕牆外的海和天發怔。在這樣壯闊的背景前，男人彈鋼琴，女歌手隨隨便便穿一件粉紅色毛衣，哼唱著過時的英文歌曲。

　　不知行駛多久，前方突然出現了一道完整的分界線，跨過之後，「Tallinn」便脫離了冰雪，奔向湛藍大海。

　　我特別中意到達塔林的方式，正因為有海相隔的懸念，有八百多年歷史的塔林才格外美好。最初的時候，丹麥人或許也是坐船來到這個名叫「科勒萬」的地方，並急急忙忙打起樁子的。於是，建築下的土地也隨之更名為「Tallinn」（意為「丹麥的城堡」）。

　　現在赫爾辛基人在周末成群結隊地趕來，因為海的這一岸的物價更便宜，菜餚不像芬蘭菜那麼可怕，又有「Hesburger（芬蘭漢堡品牌）」連鎖店，中世紀建築保存完好，而女人也更具風情──「James」跟我們解釋芬蘭女孩和愛沙尼亞女孩的外貌區別，後者身材比例更完美，面孔也更有輪廓。這麼說，塔林比起赫爾辛基來，簡直占盡優勢？除了人均收入這一點。

I am a slow walker,but never stop

　　「James」有發言權，他從中國來到芬蘭，並娶了一名拉脫維亞的妻子。他解釋了拉脫維亞、愛沙尼亞和立陶宛的地理位置，它們算北歐，又算東歐，大概應該叫做東北歐，而擁有「不凍港」的塔林，便有「歐洲的十字路口」之譽。

　　一輛綠色的有軌電車慢騰騰地駛過。穿過窄窄的軌道，便是古城「Vanalinn」。天色將暗，我們沒有太縝密的計畫，開始玩一種找尖頂的遊戲：想像塔林（Tallinn）古城是一個錯綜複雜的棋盤，而我們是那些可以移動的棋子。只要看見哥特式的尖頂便走過去，你會遇見重要的景點：古堡、教堂、市政廳⋯⋯準不會錯。

I am a slow walker,but never stop

在一個教堂的小房間門口，牧師招手親切地呼我進去。他們用投影儀把讚美詩句子中灰色的字體打在白牆上，一位帶孩子的媽媽彈著優美的鋼琴。這裡是北歐保存最好的中世紀城，教堂密集，其中最著名的要數「Alexander Nevsky」大教堂。它高高地立於山頂，像俄羅斯童話裡常常出現的背景畫面。而在市政廳廣場上，餐廳服務員打扮成中世紀的貴族招攬生意，商店裡賣的都是老式的羊毛衫和羊毛圍巾，雖然也許連愛沙尼亞人自己都嫌棄它的老式了。

以塔林為首都的愛沙尼亞隨前蘇聯的解體而獨立，二〇〇四年它加入歐盟，卻還在堅持使用自己的克朗。在某種意義上，這像是一種對個體存在的表達，也讓距此只有兩小時船程的赫爾辛基人無法真正地對塔林具有親密感，或把它當作另一個「Espoo」（赫爾辛基最大的衛星城）。

愛沙尼亞的經濟轉型十分成功。據說在最近的一次對歐盟各國居民的調查中，愛沙尼亞人表現得最為樂觀，因為有百分之七十八的愛沙尼亞人相信：未來生活會更好。………… ✈

空中飄著殘雪，站在教堂外靜默祈禱的婦女。

▶ Chapter 03 ◀

〔阿維尼翁〕

Avignon

從天使的睫毛
漏下的陽光

它建在高地上，建築本身與石頭地基緊密連接，
同是土黃色，彷彿是從岩石裡生長出來的奇跡。

　　阿維尼翁（Avignon）的城牆在猛烈的九月陽光下，在排排熱帶植物的襯托下，閃閃發亮。太陽總能讓我有好心情。我立刻想起了那首曲調歡快的歌：「在阿維尼翁的橋上，讓我們圍著圈圈跳舞，漂亮的姑娘們這麼跳，然後還是這樣跳……官員們這麼跳，小寶寶們這麼跳，好朋友們這麼跳，樂師們這麼跳，修士們這麼跳……」

　　阿維尼翁距離里昂不過一個小時火車的路程。如果里昂是個正標題的話，阿維尼翁就是個副標題，而它周邊那些有意思的小鎮則是小標題。

　　建於十四世紀的古城牆完好無缺，城垛、城塔和城門一如舊觀，它綿延五公里，勾勒出阿維尼翁老城區不規則恐龍蛋的輪廓。我們並不打算採用任何交通工具，而是直接躥入了牆內。城牆邊的糕點店生意很好，大清早就有很多人在排隊，我們分享一塊口味濃郁的巧克力布朗尼，又在教堂牆根的露天咖啡館喝了兩杯咖啡，一掃清晨的倦容。我終於可以打開眼睛，看看這個小鎮。它如同一個安靜、古老的大迷宮——當你一心想向前時總有一堵高牆擋住去路，於是你必須轉彎，來到雕塑廣場，進入小巷再轉彎，又來到一個啤酒廣場。

←　教皇宮內錯綜複雜的光影。

街頭的人體雕塑也是紅衣主教，和這座城市非常匹配。

第一眼見到女孩時就被她迷住了，她在吐掉菸圈後對我展露了一個微笑。

　　阿維尼翁地處羅納（Rhone）河畔，是法國南部東西方向交通線上的一個重鎮，歷史可以上溯到西元前五○○年，鼎盛時期是在十四世紀。由於羅馬政教各派別之間的鬥爭威脅到了教皇的安全，一三○九年，在法王腓力四世的安排下，教皇克雷芒（Clement）五世決定把教廷從羅馬遷到阿維尼翁，無名小鎮頓時戴上宗教的光環，一躍成為教徒們朝拜的聖地。至今，你走在古城裡，或許仍能感受到那過氣的榮耀和輝煌。

　　如果你春夏之交來阿維尼翁，抖抖鼻翼，便能聞到空氣中薰衣草的味道。這裡就是傳說中的普羅旺斯。在植物生長的季節，你在郊外走走，會發現野草莓、葡萄、茉莉的芬芳瀰漫田園，彷彿信手拈來的香水原料。我們在教皇宮下的小店買了象徵普羅旺斯的蟬形薰衣草香皂、薰衣草茶和薰衣草精油。但其實，我們不

過是一對嘻嘻哈哈的快樂人而已，壓根用不著薰衣草的鎮定作用。

　　一九九五年，阿維尼翁的古城入選世界遺產名錄，但光有石頭和瓦片顯然不具說服力。它是我們喜愛的度假地，因為這裡有快樂的旋轉木馬，有靠在門邊抽煙的表情淡定的白皙女子，有帶孩子逛街的英俊牛仔「Daddy⋯⋯」以及陽光和海洋的氣息。確實，阿維尼翁離藍色海岸已不遠。

↓　位於教皇宮地下室的禮品屋。

　　因此，「La Tartinerie」餐廳布置成地中海風格，以藍、白為主色調，加一點明黃，室內陳列著奔放的大色塊壁畫、雕塑和碎玻璃。但並沒有人賞光坐在餐廳裡面，慕名而來的客人們把陽光明媚的小廣場填滿了。打開菜單，我和Q點了一份烤雞套餐，有新鮮蘑菇、馬鈴薯，以及自製的草莓優酪乳；另一份是烤鴨套餐，十分美味，還奉送烤茄子和米飯。我們的四周便是民居，有居民從仿似中世紀的窗戶裡探出腦袋，打量我們的食物。一隻威武的毛色發亮的黑貓從我們的桌間悄然穿過。幸福感一下子被對面曬得發白的木製百葉窗激發起來，我們豪言壯語稱一定要老年時回此地住下來。

　　比起巴黎的物價和天氣，這裡的陽光和人情味確實讓人覺得像在天堂；而比起蔚藍海岸的海風宜人，這裡更顯得安寧別致。酒足飯飽後我

們也要去教皇宮（Palais des Papes）朝聖。它建在高地上，建築本身與石頭地基緊密連接，同是土黃色，彷彿是從岩石裡生長出來的奇蹟。大小新舊兩座主樓完美地連接在一起，奇厚的牆面和迷宮似的走廊倒讓這裡成了遊客的避暑勝地。

高聳的雕花城樓佇立在廣闊的廣場上，與內城小巷低矮的民房形成巨大的對比。從教皇克雷芒五世開始，九十四年間有七位法籍教皇在這裡居住過。可能由於局勢動盪，教皇房間中有很深的藏寶地窖，讓人大開眼界。如今這些房間成為了阿維尼翁現代藝術展的主要場地。過去的壁畫大都已經不見，唯有兩個主教房間還保留了當年的裝飾和精美壁畫，部分宗教題材的繪畫和雕塑在新樓裡有展示。

我們最後去看的是城牆外古老的斷橋聖貝內澤（Pont Saint Benezet，又名阿維尼翁橋）。它修建於十二世紀，當時是連通里昂和地中海的羅納河上的唯一橋樑，每次教皇經過時都會依照慣例在貝內澤教堂前做祈禱，並施捨一塊金幣。因為橋上常常發生滑倒落河的事故，一三七七年，在布朗蒂亞克紅衣主教（Cardinal de Blandiac）的命令下，橋面被重新鋪過。路易十四是在十七世紀其政權崩潰前最後一批跨越羅納河的人之一。儘管他很想成為這塊土地的主人，卻從來沒有想過為這座橋的維修問題撥款，於是聖貝內澤橋在其統治期間倒塌後一直沒有得到重修。早期的聖貝內澤橋有二十二個橋孔，如今只剩下四個。站在一半的橋上，望著波光粼粼的羅納河，彷彿要被美好的時光催眠。

走到這裡的人一定會想起西湖上的斷橋來，但這裡沒有纏綿悱惻的愛情故事，只有一個傳說：八百多年前，十五歲的牧羊少年貝內澤受到神靈啟示，決定在這裡建橋。為了讓眾人見證神跡，他獨自將一塊十幾人都抬不動的巨石搬到河邊。如今這座橋作為歡樂生活的布景，在歌曲中被廣為傳唱，修士們已和洗衣女工站在一起跳舞，忘記歷史，也忘記奇跡。 ········· ✈

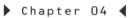

▶ Chapter 04 ◀

〔舊金山〕
San Francisco
／
形狀不明的
自由之光

為了到達世界上
最寬容和自由的彼岸，
死亡又有何懼？

一九五五年冬天的深夜，三個囚徒從阿卡特茲（Alcatraz）島的峭壁跳入太平洋。對自由和新生的渴望使他們心懷僥倖，無畏風急浪高。而十幾公里外那燈火璀璨的海岸線正好迎合了這樣的希望——為了到達世界上最寬容和自由的彼岸，死亡又有何懼？

　　我們遊覽了Alcatraz島上的監獄，據說這裡曾關押美國最兇猛、最可怕的犯人，如今那一間間不見天日的牢房內還展示著犯人們日常生活的場景，耳機裡迴蕩著他們的慘叫和孤獨的腳步聲。他們中的許多人都清楚自己永遠無法離開這個地方了，於是只能通過牆壁上的一個小孔觀賞那美得令人窒息的黃昏和盤旋的海鷗。有什麼比自由更吸引人呢？後來那段離奇的越獄經歷，被改編成電影《逃離惡魔島》（《Escape from Alcatraz》），也成為了之後的《刺激1995》（The Shawshank Redemption）的靈感來源。

　　它的彼岸，是舊金山。

　　如今阿卡特茲對於旅遊者的意義是，當你怕自己離舊金山太近時，你可以走開一點，從另一個角度觀賞這座城市的輝煌，尤其是在夜晚。旁邊那座一九五〇年以前世界最長、可以通過軍艦的金門大橋在燈光下煥然一新。有些冷的海風竟會激起你對都市燈火的留戀。

　　我住在費爾蒙特傳統酒店（Fairmont Heritage Place）。作為酒店提供的服務之一，司機已經開著瑪莎拉蒂轎車等在門口，接我去水吧（Water Bar）用餐。途中和他聊起那樁幾十年前的越獄案。他相信他們都死了，不是因為浪太大，而是因為海水太冷，沒有人受得了。但這三個為自由而奮不顧身的越獄者究竟在南美隱姓埋名，還是早已葬身大海？幾十年來，這都是一個謎。

← Alcatraz島上的日落。

Alcatraz島上的監獄裡關押囚犯的房間。

　　一年前開業的水吧位於海岸邊。餐廳最好的座位是臨窗角落裡的那個，面對屋子中央頂天立地的圓柱體玻璃水缸。在湛藍的燈光下，各式海魚在水草中游弋，而客人吃的便是烤魷魚或鹽焗鱸魚。窗外是夜間的大海。如果是夏天，可以坐在戶外吹海風，海灣大橋簡直像架在你頭頂。別忘了點那款叫「Josh's 4 O'Clock Shadow」的雞尾酒。

　　離開水吧，我去恢弘的大衛斯音樂廳聽郎朗和舊金山交響樂團合作的三重奏音樂會。可容二千七百人的大廳內座無虛席，舞臺上只有一襲紅色亮緞連衣裙的小提琴手、穩重的大提琴手和我們著名的鋼琴手。坐在我身旁的觀眾是斯坦福大學的日語老師和她的丈夫。在中場休息時，她眉飛色舞地談起郎朗：「他是多麼富有力量和激情……」在那天的演出時，郎朗照例在一曲後滿頭大汗。

　　據說有這樣一項調查，舊金山居民，無論是同性戀、異性戀、亞裔、非裔、拉丁裔或白人，絕大部分都對居住在此地「非常滿意」。十九世紀六〇年代，嬉皮士們更是唱著「別忘了在頭髮上戴一朵花，在那裡遇見的人溫柔善良」在這座城市裡，像遊魂一樣生活。如今近半個世紀快過去，舊金山的天空依然藍到萬里無雲。

這可能要歸功於舊金山一直以來致力於成為綠色城市。城郊的加州科學院（California Academy of Sciences）彷彿是一隻諾亞方舟，你可以在這裡找到各種物種，包括一條懶洋洋的純白色鱷魚。正如它隆起的草皮屋頂，科學院採用一切手法提起人們對自然的興趣。水族館裡，一位女主持人站在一面大玻璃前插科打諢，在她身後，置身魚群中的潛水夫一邊尋找小丑魚，一邊含糊不清地介紹牠們。而幾層樓高的暖房則保持了恆定的溫度及濕度，蝴蝶和小鳥從你身邊掠過，五彩繽紛的蜥蜴和雨蛙和平共處。

　　閒下來也可以逛逛舊金山「MOMA」，一進門就能看見幾十米長的長梯，簡直可以直通天堂。你也可以找到那只簽了杜尚名字和「泉」字的白色小便池。二樓懸掛著一對耳機，當你和別人對著話筒說話時，耳機裡傳來的聲音是延遲了幾秒的。於是我不禁揣測，如果這就是我們日常交談的方式，那麼我們對句子的理解是否會有偏差？我們對與之交談的那個人的感覺是否會改變？

二〇〇八年夏天，當代猶太博物館（Contemporary Jewish Museum）
在舊金山的鬧市區落成，就像一個天外來物。這個巨大的立方體斜角站在
那裡，倒映著藍天，反射著陽光，內部展示的一切都關於猶太人：比如
Andy Warhol為愛因斯坦等猶太名人們創作的系列波普畫像，正向觀眾們
展示著舊金山人對其他信仰和民族的尊重；而通過一台嵌在牆壁上的小電
視，你可以聽到阿波羅11號登陸月球時攜帶的誦讀《聖經》的聲音。

　　如果我對舊金山的記憶是多感官的，那自然還包括「One Market」餐
廳的晚餐留下的那部分。在主廚「Mark Dommen」推出的六道菜主廚菜
單裡，無論是香滑的鵝肝還是脆嫩的烤鴨，都無比美味。它入選了米其林
餐廳，平日的晚上都要翻桌一次。但它絕不僅僅是被雜誌炒熱後，遊客才
趨之若鶩的地方，舊金山當地人也喜歡來這裡，享受美食、環境，談天說
地。如果坐在窗邊座位，可以欣賞對面的渡口大鐘樓。

　　加州的海總是很冷，但它是這座城市的視覺必需品。當我們從溫馨
小巧的「Cova Hotel」搬到了酒店公寓「Fairmont Heritage Place」後，也
能從窗戶望見灰藍色的太平洋了。房間呈現深色調，如家般舒適，又比
家考究。酒店位於哥羅多利廣場（Ghirardelli Square），沒錯，就是那個
巧克力品牌。說來還有一段故事。一八三九年，巧克力商多明哥・哥羅

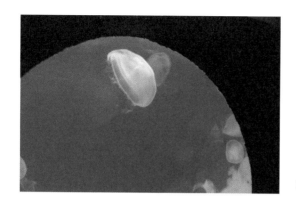

加州科學院裡展示的水母。

多利（Domingo Ghirardelli）的兒子買下了碼頭邊的這塊地，蓋了巧克力大樓、可哥大樓、電力屋、鐘樓等等，也就是現在的酒店、「Woolen Mill」等房子。十九世紀六〇年代，巧克力工廠搬遷後，「Roth」家族買下了哥羅多利廣場，如今它成了房地產界的昂貴之地，廣場四周開滿小商店和餐廳，當然還有巧克力店。

到了晚上，你自然可以去「Press Club」打發時間。這不是媒體俱樂部，確切說是一個獨特的品酒吧。它的銷售方式是舊金山首創。這裡的葡萄酒不是整瓶出售，而是幾美金售一小杯。你可以找個舒服的角落，就著口味或重或輕的乳酪仔細品味。由於價格便宜，你可以喝遍這裡所有的藏酒，而結算方式是以「Press Club」的磁卡結算，以免到處傳來硬幣叮噹響。這裡的葡萄酒都是由店主「Andrew Chun」親自挑選的，他希望人們來到舊金山，不用跑去偏遠的酒莊，就可以嚐到各種各樣的葡萄酒。而BCV建築公司設計的內部裝潢也似乎在模擬一座現代酒莊，讓你在城市中心感受鄉村氣息。

夜深時，當我仔細想，舊金山究竟是怎樣的一座城市時，卻發現自己對它還是一無所知。但我知道，無論歷史如何悠久，這永遠都是一座具有自由精神的新城市，是未來的城市。⋯⋯⋯✈

▶ Chapter 05 ◀

〔拉斯維加斯〕

Las Vegas

沙漠中的
奇跡粉紅色

每年約有三千萬人來拉斯維加斯觀光，
這裡聚集了五十多家世界頂級酒店與不計其數的汽車旅館，
總客房數超過十萬間。
而特立獨行的「Mr.Wynn」和藍人們也許正肩負重任，
要為這座城市洗刷罪惡之名。

　　黑幫人物畢斯・西格爾（Bugsy Siegel）相信每個人都需要一個「fresh start」。而自從他在落日火紅的沙漠中看見蜃樓的那天起，他便憧憬起他的「fresh start」——建一家帶泳池和綠地、人人穿著正裝的合法賭場。

　　在拉斯維加斯賭博合法化的第十五年，火鶴酒店（Flamingo Hotel）——火鶴也是畢斯對情人維吉尼亞・希爾（Virginia Hill）的稱呼，因為她有一雙長腿——奇跡般地在荒蕪的沙漠中落成。但由於空調系統毀壞、氣候炎熱，加上路途遙遠，根本無人光顧。

　　如今，永遠華氏七十二度、永遠歡聲笑語的賭場酒店早已不再是夢想。一九八九年，蜃樓酒店（Mirage Hotel）的開張意味著巨型度假酒店（Megaresort）時代的到來，這些擁有上千個房間，內在豐富得像給迪士尼加了屋頂的龐然大物恐怕都超出了畢斯的想像。

　　火鶴酒店幾易其主，二十世紀七〇年代它是強尼戴普主演《賭城風情畫》（*Fear and Loathing in Las Vegas*）中杭特・湯普森（Hunter S. Thompson）沉溺於毒品的那一家；到了二十一世紀，是以粉紅聞名，圈養著野生火鶴的哈拉斯（Harrah's）娛樂公司的一員。

凱撒宮酒店的商場，布景代替了真實的天空，讓你永遠不願意回到現實。

　　它越來越奇特，也越來越平淡無奇，因為酒店前的沙地成了著名的拉斯維加斯大道。胡佛大壩為這座擁有兩百萬人口的城市輸送著源源不斷的能源，讓這隻粉紅色大鳥淹沒在了更多、更華麗和璀璨的霓虹燈中。

　　我們下榻的凱撒宮（Caesars Palace Hotel）位於大道的心臟地帶，它是二十世紀六〇年代後興起的主題酒店的先驅，在這片北美沙漠中硬生生地重現了兩千年前的羅馬古城的風貌。它至今仍實踐著二十世紀四〇年代威廉・威克森（William Richard Wilkerson）的理論：留住賭徒的方式是藏起真正的日光、時鐘，同時盡可能舒適。因此羅馬市集商場

（The Forum Shops）的天花板模擬地中海的天空，一天中會有朝夕晨暮的色彩變化。這種小把戲在同類型的酒店中早已普及，不是什麼秘密。

如今美國人會起訴菸草公司，起訴網路遊戲，卻難以起訴賭場。也許因為這裡的一切是公平的。你會和畢斯一樣有全新的開始，也會和畢斯一樣輸掉人生。

據說，拉斯維加斯的商場營業員從來不敢「以貌取人」，誰知道那個走進來的衣衫襤褸的傢伙是不是剛從賭桌上贏走了一百萬美金呢？

有時候你面對一個城市或一個人手足無措，純粹是因為你不夠自信。而當湯普森說「這個城市並不適合吸毒，因為四周布滿了陷阱」時，他確確實實指的是對手的強大。

我似乎永遠也找不到司機等候的三號門了！當在老虎機叢林中焦頭爛額地走過一段迷途之後，我只好任選了一扇門逃出了凱撒宮，打了輛計程車去餐廳。

在凱撒宮新開的中餐館的餐桌上，那道似是而非的北京烤鴨上桌後，拉斯維加斯觀光局的官員佈置了一個題目：談談拉斯維加斯給你們的印象吧。

唔，奇跡，沙漠中的人工綠洲。

它開始成為一個有血有肉的城市了，又有人說。

輪到我了：「我看的是《CSI》，這裡犯罪率很高。」他們笑了，然後連連說「No」。事實上我還讀到過這樣的句子：「拉斯維加斯人的心理有些返祖現象，以至於真正的犯罪就在眼皮底下溜走。」

「它是罪惡之城。」每個在這裡縱情歡樂的人都禁不住自豪地提上一句，彷彿這是個好名聲似的。

一八五五年，楊百翰（Brigham Young）派了三十個傳教士來此地傳教，企圖把土著派尤特印第安人（Paiute Indian）感化為摩門教徒。但僅僅兩年之後，摩門教徒便放棄了拉斯維加斯。

拉斯維加斯的夜景。（photo by 朱海）

　　它徹底淪陷了，清教徒、環保主義者、性觀念傳統者都對它避之不
及。

　　今天的拉斯維加斯變得如此紛雜，以至於猩猩、侏儒、飛刀遊戲、
魔術、火鶴、胸部……都難以奪取眼球。米高梅大酒店曾在大廳放置一
隻真的雄獅，牠會向吃完早餐的客人發出怒吼。而紐約–紐約酒店的口
號是：「拉斯維加斯內最好（或最大）的城市」。你可以坐時速一百零
八公里的雲霄飛車穿梭在按比例微縮的帝國大廈、克萊斯勒大樓、布魯
克林橋和自由女神像之間。拉斯維加斯還缺什麼呢？

　　但我相信，我們離真實的拉斯維加斯還很遙遠。這感覺就如同我和

Y夜間散步，突然從燈光中抽身出來，站在一座黑乎乎的橋上。

也許只有在午夜的秀場，你才能觸摸到這座城市的內心。

幾乎每家酒店內，都長期駐紮著一些大製作的舞臺劇，數年來天天上演，用世界共通的藝術述說著愛情、生命和哲學。

米高梅大酒店內上演的《KÀ》雖然沒有臺詞，但情節一目了然，這是一個關於兩個年輕人的情感和復仇的故事。它如同一部好萊塢大片，有著分明的善惡，有令人捧腹的友誼、纏綿的愛情、扣人心弦的打鬥、大團圓結局，以及驚人的成本。

船在暴雨夜的大海上被打沉了，主人公落入水中。幾十米高的舞臺仿似真的水幕，她就這麼在海水中無止境地往下沉，還有氣泡冉冉升起。而當邪惡者的士兵追捕主人公時，舞臺斜成一個陡峭的山坡，他們踩著飛刀向上攀爬……舞臺是四面八方的，演員在你的頭頂和身後出現，視聽包圍你，你會感到自己只是一粒可以忽略、為音效震動的灰塵。

與之相比，電影螢幕在這個城市裡是如此廉價和寒磣。

好萊塢的《Variety》評價道：「沒有秀可以比它更大（或更好）！」

而在永利酒店（Wynn Resort）上演的《Le Reve》則是一幕豪華的水上舞劇。整個舞臺是一個圓形水池，演員穿著西裝、禮服，隨時被拉到穹頂外，又突然墜入池中，或者十幾個人突然從水底溼淋淋地冒出。每位觀眾腳下有一個小螢幕，可以觀賞到水底演員的狀態。說白了，是一齣結合跳水、花樣游泳、潛水、雜技的愛情劇。

如果說這些把大把大把的美鈔投在舞臺上的豪華劇幕像二十世紀六〇年代興起的主題酒店一樣極度龐大、注重視覺、讓人震撼的話，那麼威尼斯人酒店上演的《藍人樂團》（《Blue Man Group》）則代表了拉斯維加斯新精神——搞怪、發洩和思考。

　　坐在前排的每位觀眾都收到一件雨衣，每次藍人們敲擊灑滿顏料的鼓面時，我都會神經過敏地拉緊帽沿。藍人們把下水管道組合成樂器，節奏感無與倫比地強烈，可以值回音樂會的票價。

　　藍人瞪著雙眼，走下舞臺尋覓觀眾，嚇得我身邊的女孩把頭埋在大衣裡，生怕對視會讓自己被拎上臺。他們把一位女觀眾拉上舞臺，和他們一起玩進食、嘔吐、再進食嘔吐物的遊戲。他們還把胃鏡伸入觀眾的嘴裡，在大螢幕上展示他噁心的食道；或把觀眾倒掛，撞在畫板上，製作一幅人形的垃圾來高價叫賣。

　　我想他們是在嘲諷什麼，但別花費心思去猜了，因為壓根沒有答案。

　　而我以看卡通的天真心態相信：他們是憂鬱的、孤獨的、善良的藍人，只不過想和我們這些非藍人在一起取暖而已，請別恐懼，也別孤立他們。

　　最後，天花板上突然噴射出源源不斷的衛生紙。那些白色紙條越掉越多，很快在後排堆成了小山。天上還在掉，後排的觀眾把紙山往前推，那鋪天蓋地的紙海很快湧到了我們身上，蓋過了頭頂，淹沒了整個大廳。

《藍人樂團》的演出現場，接近尾聲時，衛生卷紙又出場了。拉斯維加斯常年有各種秀上演。

　　這真是一個健康無害的拉斯維加斯，沒有女性大腿，沒有MDMA，也沒有$符號，卻一樣可以讓人狂歡盡興。

　　火鶴酒店開業後接連虧本，合夥人決心懲罰帶來「爛攤子」的畢斯。幾天之後，當畢斯在維吉尼亞的比佛利山莊寓所中讀《洛杉磯時報》時，一名不知名的殺手從窗外向他開槍。

　　沒有人歸案。

　　暴雨中他和維吉尼亞的吻別或許是導演巴瑞‧李文森（Barry Levinson）虛構的劇情，但畢斯的一生卻是一場真實的賭局。

　　雖然他曾為拉斯維加斯夢輸掉了性命，但據說到一九九一年時，他投資在此地的六百萬已累計帶來了一千億美元的收入。

如今，每年約有三千萬人來拉斯維加斯觀光，這裡聚集了五十多家世界頂級酒店與不計其數的汽車旅館，總客房數超過十萬間。

在紐約–紐約酒店的背後，正展示一個受人矚目的新項目「City Center」，它鼓勵加拿大人、俄羅斯人和紐約人到這片沙漠來置業。除了廣場、賭場、購物中心外，「City Center」還包括文華東方、「Vadara Condo Hotel」、「The Harmon Hotel」等四家酒店，它們在二〇〇九年為拉斯維加斯再添六千餘個房間。

在畢斯被槍殺的六十年後，各式各樣的大亨信心百倍地來了，維繫著這個城市的命脈，並享受沙漠陽光。

我們在永利牛排屋（SW Steakhouse）進餐時，公關突然壓低聲音使眼色，然後我們看見傳說中的史帝文・永利（Steven Wynn）走了進來，他穿著棕色絲絨西裝和牛仔褲，與兩位金髮女郎坐在我們的鄰桌。

史帝文先生和藍人樂團一樣代表了新的拉斯維加斯，他們不排斥陽光和清醒的頭腦，享受藝術。在史帝文的辦公室裡，收藏著價值上億美金的畢卡索名作《Le Reve》——雖然後來由於他說話時動作幅度太大，把它戳了個窟窿——他甚至會突發奇想地親自解說酒店。如果你現在登錄酒店網站，還可以聽見他富有磁性的嗓音。

毫不誇張地說，這類特立獨行的新拉斯維加斯人也許正肩負重任，要為這座城市洗刷罪惡之名。

走在有明亮中庭的永利酒店，綠色植物四處可見。你還可從落地玻璃窗直接望見戶外泳池。不敢想像，他甚至在酒店背後、拉斯維加斯大道旁的黃金地段建了一個十八洞的高爾夫球場。

晚上我們去永利酒店內的「Tryst Nightclub」喝酒。有人說它是拉斯維加斯最受歡迎的一家。你只要看看捏了門票排隊等入場的隊伍有多長就知道了。我們點了這裡流行的兌越橘汁的伏特加和撒了細白糖粉的小草莓。舞池外有個臨水露臺，面對種滿雲松的假山的背面，男男女女吹

著清新的夜風而不是污濁的中央系統冷氣聊天，但甘願自醉的人還是很容易被身邊各色血統的豐乳肥臀轉昏腦袋。

第二天清晨，玻璃窗外轟隆隆的飛機聲把我吵醒。我停頓了好幾秒後才想起自己的位置，起床打開房間的窗簾，剛剛熄滅了人工霓虹的景色竟美得讓人難以置信：天空中留下多道飛機過境的白線，遠方是狂野的荒漠，而籠罩在金色朝光中的拉斯維加斯則是如此平靜和強大。

是的，並非只有在燈光修飾下的城市才有吸引力。你還可以丟掉酒瓶子，跑到城外去。

一九三六年，胡佛大壩在巨石城外落成，不僅發電、灌溉，也帶動了觀光。換言之，它造就了拉斯維加斯這樣的綠洲，改變了美國西部的命運。

胡佛大壩的壩身仿似具有保護色，與紅棕和灰褐色的岩體融為一體。在美國大蕭條時期，這個奪去一百一十二條生命的工程或許會進入許多人的夢境。我猜，多半是些工業怪夢罷了，比如馴服了科羅拉多河的大壩，突然像變形金剛那般直立行走起來了。

那一天，我們乘坐一輛桃紅色的火鶴旅遊車在不見盡頭的荒漠公路上奔馳，經過胡佛大壩，從內華達州來到亞利桑那。

公路兩旁是U2最受歡迎的專輯之一《The Joshua Tree》上的約書亞樹，張牙舞爪地站在黃沙之中。偶爾，可以看見野牛在遠方紅色的山前奔跑。如果你運氣夠好或夠壞，還可能遇見狼、長尾鹿和特產響尾蛇。

我們的目的地是科羅拉多大峽谷。它的觀光業已和拉斯維加斯的旅遊業捆綁在一起，成為了健康無害的另一部分。

約翰・繆爾（John Muir）在一八九〇年遊歷大峽谷後寫過：「不管你走過多少路，看過多少名山大川，你都會覺得大峽谷彷彿只能存在於另一個世界、另一個星球。」

↑　從拉斯加加斯去大峽谷途中經過的小鎮，
　　有西部牛仔正在玩遊戲，比誰拔槍快。

　　我懷疑，美國人總有那麼點外太空情結。不遠處的內華達51區至今流傳著UFO出沒的傳說，而喬治・盧卡斯和史丹利・庫柏力克（Stanley Kubrick）沒準也是從亞利桑那的荒野中得到了畫面靈感。

　　顯然，美國人熱衷於顯示「人定勝天」的威力，而華拉派印第安（Hualapai Tribe）人也越來越精於此道了。他們在自己的領地——科羅拉多大峽谷之西段建了一座馬蹄形的全玻璃空中走廊，它圈起了半個足球場有餘的面積，也是世界上最高的建築物之一。

　　首位登陸月球的太空人愛德林（Buzz Aldrin）和印第安人一起在空中走廊上跨出了第一步。

　　我站在橋上俯瞰一千兩百米深的谷底，風有點兒急，身旁有尖叫，也有煞有介事的沉默。工作人員們帶頭蹦蹦跳跳，幸災樂禍地看恐高症患者如何舉步維艱。

↑　雄偉壯觀的科羅拉多大峽谷。

　　不管老羅斯福是否說過「任何人的干預只會破壞大峽谷，這裡既然是上帝的傑作，那麼也等上帝來改變它吧」之類的話，這件異想天開的人工添加物毋庸置疑地為西峽谷吸引來了更多遊客，也使頭戴羽毛、腰間佩刀的印第安人更進一步理解了現代銷售學的意義。

I am a slow walker, but never stop

米其林三星餐廳Joël Robuchon，時常能遇到好萊塢明星。

　　今晚，我們的重點是在戴著米其林三顆星光環的「Joël Robuchon」餐廳用餐。無論是在東尼‧帕克（Tony Parker）懷中小鳥依人的伊娃‧朗格莉亞（Eva Longoria），或是面臨禿髮危機的尼古拉斯‧凱吉，還是其他從兩百七十英里外的洛杉磯出逃的名人們，都用相框中的那張著名面孔證實著你的品位。

　　或許是因為紫羅蘭天鵝絨沙發、水晶蠟燭檯燈和桌面上滾落的金色小球過於耀眼，我竟一時沒有注意貝蒂‧米勒（Bette Midler）（凱撒宮正在上演以她的名字命名的秀）正在我們身後的餐桌上坐著。

盤式是一門讓味覺加分的藝術，能讓野燕麥粥中的烤巴旦杏仁和辣味香腸，以及砂鍋燉好的嫩魚塊變得愈加誘人。菜品間等待的間歇被控制得如此微妙，讓你很難思考清楚雞和雞蛋的先後問題──是因為菜量太小才覺得如此可口，還是因為太美味了才覺得總吃不夠。末尾，侍應生推來一整車的巧克力供我們挑選，品種多到如同拉斯維加斯晚間的娛樂項目。

「Joël Robuchon」是世界上擁有米其林星最多的廚師，那二十四顆星簡直夠照亮一間屋子了。他在全球開了二十家餐廳，在米高梅酒店中的同名餐廳是他最喜歡的一家。

我有些驚異，驚異的不是我正坐在可能是世界上最好餐廳中吃一支侍應生遞給我的蝴蝶狀巧克力，而是絕無僅有的「Joël Robuchon」竟然開在拉斯維加斯──這裡有絕佳美食，人們終於不用像生活在爬行動物園裡，沒日沒夜地吃著籌碼渣子了。

城市多元化，食物改良，生活開展，愛情也應該變得慢條斯理了。但我猜，依然有很多人到拉斯維加斯來是為了花上三百美金舉行一個被祝福的、無人反駁的速成婚禮。這裡的牧師可不在意你們是否喝得酩酊大醉，或者二十四個小時前才相識。有家禮堂很有名，《六人行》的羅斯和瑞秋在這裡結過婚，或許它也是安潔莉娜‧裘莉和布萊德‧彼特的禮堂。

如果花上四百美金，你還可以開著和貓王當年的車同款的粉紅色轎車出去兜風；如果花上五百美金，你可以找個冒牌貝蒂‧米勒來為你們唱上一曲。

婚姻本身是一場賭博，不是嗎？只不過它的翻牌時間有些慢而已。

當雪瑞兒‧可洛（Sheryl Crow）唱著「霓虹閃爍，手心冒汗，賭上一把，我要在周日的晚上離開拉斯維加斯，去過有益的生活……」時，卻有無數的人一再回來，回到這片綠洲。

我又想起了湯普森的話：「這世界有自己運轉的方式，所有能量根據大磁場流動。只有傻瓜才會去抵抗它。我又回到了拉斯維加斯，別無選擇。」

　　而此刻，把憂鬱和深刻深深掩埋在霓虹燈中的拉斯維加斯，或許也是別無選擇吧。┈┈┈✈

據說這是貓王曾經駕駛過的跑車，現在用於新人們舉行婚禮。

▶ Chapter 06 ◀

〔關島〕
Guam
——
趴在西太平洋上
魔術白虎

（此篇photo by 朱海）

政府官員Joe是個顯眼的大胖子，
我們在觀光局辦公室見過他，在酒店大堂撞見過他，
在星期三夜市上再次遇見他，那會兒，
他已搖身變成BBQ攤主，叫賣著烤香蕉！

　　魔術師史帝文打開「密封」玻璃盒的罩布，不出所料，性感美女已變成一頭暴躁的白老虎。

　　而事實上在此前，我曾透過凱悅酒店的窗戶，望見這兩頭白老虎在沙堡（Sands Castle）後門外的籠子裡來回踱步，等待上場。這棟豪華建築正如海灘上的沙堡一般虛幻，內部陳設閃耀著老派拉斯維加斯式的金光，夜夜上演冰上歌舞魔術秀。最初它只允許穿著西裝和晚禮服的男女入內，但不久就發現這個虛榮的條件對一座熱帶海島上的遊客根本不適用。

　　如今，我可以穿著拖鞋進場，並領到免費的冰鎮果汁一杯，但觀眾們更需要的也許只是一條厚毛毯，因為從冰場上吹來的寒氣會讓他們太過冷靜。

　　除此以外，關島上還有什麼夜生活呢？這座一面臨菲律賓海、一面臨太平洋的小島沒有賭場，也沒有豔舞酒吧，因為這些看起來會使旅遊業繁榮的點子總是被島上掌握表決權的篤信天主教的居民們否決掉。因此，它不會成為鄰居塞班島，而更像是一個寄養在熱帶的保守、清潔、寧靜的美國小村鎮。

　　當然，天黑以後，你也可以去PIC（Pacific Islands Club Resort）水上樂園組織一場水上排球，或在巨型帳篷下的自助餐廳搶占一個觀賞演出的好位置。只是這些充滿豐乳肥臀的草裙舞怎麼看都像是在賣力地模仿熱帶風情——沒錯，是模仿，雖然我們在熱帶。

前一天，關島觀光局的「Pilar」為我寫下：Guam,where America's day begins！（關島，美國的一天開始的地方！），因為它處於美國領土的最東端。這是關島人最喜歡念叨的一句口號。它給人的感覺是：關島終於知道自己是誰了。傳說十七世紀時，西班牙殖民者借助毛瑟槍，把關島及其附近島嶼的男性原住民趕盡殺絕，之後美國、日本的統治，及菲律賓人的大量遷入，都使得關島文化支離破碎。如今那六個古代遺留的拉堤石（Latte Stone）讓人們覺得匪夷所思：在麥哲倫發現關島前就生活著的查莫洛人來自何方，他們的統治階層又何以身高七尺？

拋開旁鶩雜念，我們只是來看海的，因此關島的清晨帶勁許多。我們乘坐當天第一艘追蹤海豚的遊艇出海，風浪把我們晃得暈乎乎。

「看看我們今天的運氣如何。」皮膚緊致黝黑的女船員賣弄了噱頭。其實這種身材嬌小但擅長表演特技的野生海豚常年在此片海域活動，你錯過牠們的機率只有百分之十五。

有人率先看見了一隻躍出海面的海豚，小艇慢慢地靠近，海豚已把我們包圍。牠們不時齊齊地甩尾、彎腰扎進海裡，間或有一兩條躍向明媚的藍天。牠們一直在船兩側護送我們離開，才返回棲息地。

在船頭海釣，我們可以透過孔雀綠的海水清晰地看見斑斕的熱帶魚如何狡猾地吃掉魚餌而不上鉤。接著，一無所獲的我們又爬上了香蕉船，不到三十秒，就在一個大浪中全軍覆沒。

經歷了剎那的刺激，從水下冒出腦袋後，我才開始真心喜歡這個清淨的小島：放眼望去，只有海豚、魚兒與我們分享清晨的陽光。

駕駛快艇的Jacky穿著白色T恤，戴墨鏡，看起來有幾分眼熟。要知道，關島是個小地方。政府官員喬Joe是個顯眼的大胖子，我們在觀光局辦公室見過他，在酒店大堂撞見過他，在星期三夜市上再次遇見他，

那會兒，他已搖身變成BBQ攤主，叫賣著烤香蕉！而在總督府認識的攝影師，第二天看舞蹈秀時又恰好坐在我們鄰桌。

一直到快下船時，我才想起來：「嘿，你是Jacky！」這位美國大陸航空香港飛關島航線上的空中少爺，在飛來的途中，還被我讚美過有親和力的笑容。

大陸航空堅持使用當地勞力，是目前關島最大的雇主，並正在積極促成中國訪客登島。其中國區的首席代表Kwok鼓勵女孩帶情人來此度假：如果牽著他的手沿杜夢灣（Tumon Bay）散步，走到一半時，你的手上就會多一枚幾克拉的鑽戒，快走完的時候，前面已有一幢別墅等著你——只因為，景色太美，讓人不忍拒絕任何要求。

「幸好杜夢灣只有兩公里長。」在座的男士總結道。

一道天然珊瑚石環繞關島，阻擋了大浪和危險的大魚。在分界線內，海水清澈淺綠，小魚成群，外面卻立刻是深淵折射的湛藍。三十六年前，第一家酒店在杜夢灣落成，它便是今天的希爾頓。十三年前，杜夢灣大體形成了今天的格局，威斯汀、奧特利格（Outrigger）、凱悅、萬豪、PIC、日航（Nikko）、大倉（Okura）等眾多五星酒店搶占了最佳海灘，而最近兩年它們又集體迎來了翻修的熱潮。

凱悅曾經或至今是杜夢灣最好的酒店，不僅因為其闊氣的美式設計，也因其背靠歡樂島（Pleasant Island）。傍晚時分，一架形如蝙蝠的轟炸機正從歡樂島上空掠過。

「也許待會你們就會在大堂遇見大兵。」「Rex」說。

駐守邊疆的美國軍人摒棄郊區軍舍，喜歡長住在凱悅酒店，這早已不是秘密。歡樂島，誰不愛呢？這塊鬧市區擁有五星酒店、大型免稅店（DFS）、沙堡秀場及眾多餐廳，因日落後聚集了尋歡作樂的遊人而得名。

　　聖誕前夕，凱悅酒店的大堂內樹起了關島最高（近十公尺）的聖誕樹，那大把豔麗的塑膠玫瑰和假蘋果，點綴著冷色調的夜色，挽救了四面臨海的士兵和旅客的孤獨感。

　　如果你依舊無聊，那就應該去「Reef」酒店大吃一頓海蟹自助餐（Crab Festival Buffet），大盆的蟹爪、可暢飲的紅酒以及巧克力噴泉會讓你幸福到暈厥。而黃昏後關島水底世界的觀魚長廊會變成燈光絢爛的「Kaitei」酒吧，當巨型海龜、魔鬼魚和鯊魚在你的頭頂穿梭時，你要靜得下心來享用熱帶雞尾酒以及談情說愛。

　　在我學會游泳前，每次潛水都會緊張到呼吸急促、心跳紊亂，但在關島哪怕是七歲的孩子都可以戴著供氧大頭罩在海底從容漫步（形象頗似《南方公園》裡的Kenny），或搭乘亞特蘭提斯五號潛水艇沉入珊瑚礁世界。魚眼（Fish Eye）是西太平洋群島中第一座水下觀測站，你可以在伸入水下三十英尺的開著空調的水塔內觀看潛水夫餵魚，而不用弄濕頭髮和衣服。如此說來，關島這地方雖然有一點兒過於安分，卻未必缺少新意。

雨人執意要去買短褲的「K-Mart」倒閉了。如今全美唯一存活、也是曾經贏利最多的一家就位於關島，顯然這要歸功於觀光客。二十四小時的「K-Mark」越夜越熱鬧，因為躺在床上的客人總會突然想起來，明天的行李中還缺一包開心果或蛋白粉。這個偏遠的小地方也迎來了「Louis Vuitton」全球概念店的開張，開業酒會成了近年來島上難得的時尚盛事。而「DFS GALLERIA」用心良苦，免費的士、免費品嚐高價巧克力、最低價格保障以及禮物，永遠都在刺激著人們蓬勃的物質欲。

　　日本人至今是關島最大的買家。當年，一家日本公司買下整個關島的二十分之一，企圖建造一個自帶警察局、郵局、別墅、高爾夫球場、遊樂設施的超大夢幻社區，可在開發完占地四分之一的「Leopalace Resort」後，就因日本經濟危機的爆發而工程停滯，至今都未能繼續。如今三十六洞高爾夫球場在小小的關島上已經讓人驚歎，度假村內還有一座藍色透明教堂，和關島許多酒店自帶的教堂一樣，用於旅行婚禮。不能說它比它們更出色，但是從屋頂垂下的兩千顆施華洛世奇水晶，在陽光下折射出有催眠功效的光芒，站在下面是否更容易說出「I DO」？

　　上天、入地、下海的Jacky穿著正經的制服、推著餐車走來，也發現了我們。除了在離開關島的大陸航空的飛機上，我們哪裡還能有機會如此招呼一位空中先生：「嘿，Jacky，今天早上看到海豚了嗎？」

·········✈

▶ Chapter 07 ◀

〔阿格拉〕
Agra
／
凝固三百年
的愛情眼淚

十九年的愛情也許禁不起三百年的吟誦，
但它的紀念物卻能承載各種各樣不斷累積的祝福。

（此篇photo by 朱海）

晚年的沙賈罕透過八角房的小窗，凝望紅色砂岩牆下的護城河。河裡沒有魚，只有愛妻陵墓的倒影。後來視力惡化，他又借著一顆寶石的折射來注視這座遙不可及的傑作。在這個故事裡，死亡或許是唯一重獲自由、一解相思的方式。七年後，沙賈罕終於能在愛妻身旁長眠。

　　我一直如同一名多慮的遊客一樣惴惴不安：如果沒有愛情故事的鍍染，泰姬瑪哈陵是否可以依然這麼美？

　　離開火車站，一輛「Tuk tuk」帶著我們在滿是塵土的空曠大道上狂奔。車夫是個白髮小老頭，正絮絮叨叨地推銷自己，告訴我他是如何贏得各國遊客信任的。突然，他停下來，指著遠方說：「妳能看到嗎？那是阿格拉堡，也就是紅堡。」——這不是一個緊湊的城市。我突然意識到，紅堡與泰姬瑪哈陵之間的距離也許意味著它們的影像未必真的能像傳說中那樣，通過光線折射而相交。因此，那最後的視覺寄託更像是彌留老人的想像。

　　荒蕪的阿格拉，就像是一座沒有生命的城市。它沒有街道，只有泰姬瑪哈陵前那一段開滿紀念品鋪子的沙道；它沒有居民，只有遊客；它沒有生活區，只有酒店；它沒有鮮活的風情，蒼白到只有一則已故的愛情故事。

　　但有泰姬瑪哈陵，還需要什麼呢？沙賈罕和慕塔芝瑪哈的十九年使阿格拉成了一座有羅曼史的城市。唔，一座情感豐富的城市，這一點足以令人神往了。於是宮廷般奢華的酒店來了，占據大片的土地，以一個能看見泰姬瑪哈陵的套房標榜品味；投機取巧的商人來了，兜售品質參差不齊的泰姬瑪哈陵模型和明信片；遊客來了，不是去膜拜這座仿似宮殿的陵墓，便是住進另一座宮殿。

　　我們亦不能免俗，住進了「ITC Mughal」酒店。它仿似一座真正的皇宮，有彎彎曲曲的走廊和樹影婆娑的花園。一隻身體狹長的獴從花園裡跑過，然後又是一隻。貼身管家「Travor」指給我們看，以證明這三十五英畝的花園是多麼貼近大自然。

　　據說站在花園中的瞭望塔上，可以看見泰姬瑪哈陵，但是……暫且讓我們忘記它一會吧！

　　「Travor」是我們的二十四小時管家。他是這裡少見的天主教徒，留著兩撇小鬍子，穿一身並不畢挺的白色制服，頭巾後拖一條長長的尾巴，走路抬頭挺胸，像一隻驕傲的公雞。

　　他負責我們在這裡的一切。比如說，當我們回房間時，發現茶几上已擺放有新鮮的乳酪和水果；陪我們逛景點時，他會像一個老到的導遊

替我們拍合影，指揮我們靠攏一點，再一點；當我們在「Peshawri」餐廳銅器的光芒中享用那滿桌的烤雞、烤羊肉時，他則像個多餘的服務生侍奉在一旁，而當我們用餐完畢時，他也已經神奇地解決了他的肚子。我說服自己，不必把這種驚人的素養和十七世紀扯上關係。

事實上，ITC集團是一個大型日化品集團（房間和SPA館裡的洗髮水、香水等都是由他們自己生產的），一九七五年ITC在金奈開了第一家酒店，從此把觸角伸向了酒店業，至今在七十七個地方已有超過九十家酒店。

我無法想像一家日化品公司能如此體貼入微。

當得知我們是女性住客後，衛生間內已瞬間備好一只特殊的盒子。裡面除了日常用品外，還有一瓶卸指甲油液、一支潤唇膏、一只髮夾以及一片衛生巾。最後，我從百寶盒裡取出的是一只不知何用的別針。就在那天下午，我從一位印度女士處找到答案，原來這是她們固定紗麗的必不可少的小機關。

「Travor」對我們說，ITC其實也有女管家，專為女性服務，顯然有一些需求是只有同性之間才能開口的。當時，我們正面對面坐在一輛豪華的敞篷馬車上。馬夫一鬆韁繩，幾匹高頭大馬便氣宇軒昂地在大路上前進了。

說起來，我們當時也是坐這輛馬車去「Oberoi」的「Amarvilas」酒店的。鑒於我對「Oberoi」的瞭解，只能說它維持了一貫的貴族作風，就連那位穿著金色古代服飾的公關的英語，都像是來自舊世紀的：緩慢、高傲，帶著濃重的鼻音。

「Oberoi」對自己的要求如此之高，它理所當然是不會放棄對視野的要求的。有一陣，我甚至覺得這樣的攀比有些孩子氣：「我有四個房間可以看見泰姬瑪哈陵」……「我有六個」……「而我，有一個正對泰姬瑪哈陵的大露臺！」

我打開大堂酒吧的玻璃門，走上露臺，我看見了天邊的泰姬瑪哈陵，而我和它之間的幾公里間竟沒有任何遮擋。也許是四周的空曠，或者說，是這座城市的荒蕪，成全了泰姬瑪哈陵的絕美。它高於生活，本不應被市井淹沒。

　　在交織著金色夕陽的暮色中，在夏日的夜風中，它保持了一絲不苟的對稱、平靜和完美。

　　我記起出發那一天，在機場巧遇簽證面談的印度文化領事錢夢德，我們搭同一班飛機去新德里。他對我說，妳一定要看看滿月下的泰姬瑪哈陵。

　　有多少人幸運到能在無雲無雨的滿月時分正好面對著這座白色陵墓呢？只有在一個看得見它的房間住下來，才能不錯過它朝夕晨暮的任何容貌。我見識到了能用每夜房費買到的貴族生活的好處。但真到那一刻，會不會有人更願意閉起眼睛，想像它極致的美，就像想像那位原本在市集賣糖果的美少女的容貌？

入宮十九年後,慕塔芝瑪哈死於難產。她的愛人認真實踐了她的臨終遺願,要為她建造一座絕美的陵墓。一六三三年,兩萬名來自世界各地的工匠、書法家,融合中亞、波斯和印度本土風格,花了二十二年時間,完成了泰姬瑪哈陵。

現在,我站在它面前。

據說泰姬瑪哈陵一度因空氣污染而變黃,經過政府的美白和整治後,又恢復了那本應象徵愛情純潔的白。我無法完成和它的靜處,因為池中的倒影被熙攘人群的影子打亂。到處是捏起食指和大拇指的遊客,想在二維平面中製造出抓住了泰姬瑪哈陵尖頂的效果。

走近泰姬瑪哈陵的途中,天空突然成為帶黛色的灰藍,起了風,雨就下來了。

我們跑入建築物內。只有天光從頂部瀉落,照著慕塔芝瑪哈安息的地方,黑黢黢的人影四處走動。

近距離觀看撫摸泰姬瑪哈陵,才感歎人工的神奇。紅、黑、綠、黃色的石頭從世界各地運來,經過雕刻,以古代秘方為膠水,被鑲嵌在白色大理石的凹槽內,表面平滑依舊。那些植物莖脈,細如筆畫,流暢、工整,竟也全由綠色的石頭構成。而紅藍寶石至今仍在幽暗的墓室牆壁上熠熠發光。

雨勢減弱,走到泰姬瑪哈陵背後,可以望見朱木拿河對岸的地基。沙賈罕本來想在那裡為自己蓋一座黑色的陵墓,與泰姬瑪哈陵日夜對望,卻因長子的政變而失去自由。

十九年的愛情也許禁不起三百年的吟誦,但它的紀念物卻能承載各種各樣不斷累積的祝福。這時候念一念泰戈爾的詩句一定恰恰好,不會顯得高調或憂傷:

如果生命在愛火中燃盡,會比默默凋零燦爛百倍。

愛情謝幕的一刻,也將成為永恆面頰上的一滴眼淚。⋯⋯⋯✈

▶ Chapter 08 ◀

〔粉紅城〕
Jaipur
身著紗麗的
歷史與風情

有時候，
面對太多的美，
你也會亂了陣腳。

　　如果走在粉紅城，非要穿紗麗才夠味。我雖然不愛粉紅，卻愛齋浦爾的顏色，比粉紅暗沉，帶一點歷經風霜的磚頭的橙。四周沙漠的包圍使這座城市格外炎熱，馬路上翻滾著紅色的沙石，女子膚色棕黑，雙眼大膽，在妖豔布料的襯托下格外精神。

　　拉賈斯坦邦的紗麗是我見過最為熱烈、隆重的。顏色一般為桃紅、品紅、豔藍、橙黃、翠綠等等，就像她們點在額頭上的顏料色彩那麼正，絲毫沒有被日曬雨淋削弱。紗麗上身可短小，露出鎖骨和腰腹，而下身必長至腳背，把雙腿嚴嚴實實地包裹。拉賈斯坦女子的頭巾在我印象中也是最長的，可長至腿彎處，質地薄透輕盈，必要時可以用來遮擋側臉，以躲避烈日和陌生人打探的目光。

　　粉紅城裡自然也有最好的紗麗店，眾多明星如印度頭號美女「Aishwarya Ray」及昔日王公妻女們都會光顧「Rana's」。這是一棟在市中心的小樓，並不豪華，但儼然已是這裡的地標建築。走進店裡，空調涼爽，排排成衣和片片紗麗會讓任何女孩的腎上腺激素加速分泌。不要急，挑張靠椅坐下來，正對著「舞臺」。所謂舞臺其實是一個展示平臺，店員們赤腳站在上面，從身後的架子上取出漂亮的布匹，嘩地一下在客人面前展開。售貨員通常都是男性，因為顧客都是女性嘛。他們粗糙的手掌撫過華麗的面料，能說會道地描述它的物有所值之處。

　　我們的身旁的那對母女是「Rana's」的常客。我和左手邊的女孩聊

← 一眼望去，齋浦爾城內的建築都是粉紅色。

　　了幾句，得知她剛從英國讀完醫學回國，目前在一所齋浦爾的學校教
書。她身上正穿著改良過的上身長衫、下身長褲的「salwar kameez」
（印度傳統民俗服裝），但媽媽卻穿著棕黃相間的高貴的紗麗。

　　在她們面前的平臺上，已經鋪展了約有幾十條紗麗，每條都極盡璀
璨。比如一條紅色調的喬其紗紗麗，用層層疊疊的金絲勾邊，以拉賈斯
坦邦特有的紮染打底，表面有用光亮的彩線繡成的花朵、蝴蝶，每片花
瓣上都帶有金色的珠片。內間的陳列室裡藏有更多的寶貝，欣賞完後，

你就會明白，任何一件生活用品都可以奢侈到超出你的想像——這是區分階層的方式。一條刺繡紗麗需要二十幾個工人純手工製作數月才能完成，一針一線全都綴滿了閃片珠子。我接過來，捧在手上，出奇地沉。我的想像力接連展開：什麼樣美貌的女子才能與之匹配，又是什麼樣金碧輝煌的房間才不至於叫一條裙子奪去光輝？

　　「Rana's」目前的老闆是繼承人X，他看起來年紀輕輕，作風洋派，穿著白色T恤衫和牛仔褲。透過他位於二樓的辦公室窗玻璃，可以望見店鋪牆壁上掛著一位赤身裸體的精瘦老人的相片，像極了甘地。「這是我的爺爺，」他漫不經心地解釋，「他晚年成了禁欲者。」

　　我問他對於年輕女孩穿紗麗怎麼看，印度發展這麼快，紗麗是不是作為傳統的一部分要被拋棄了。他很敏感地反駁道，當今印度百分之九十八的女性都擁有紗麗，也許不是天天穿在身上，但在某些特定場合，卻非紗麗不可。「妳知道，電影明星們都愛在重要場合穿紗麗，比如領獎啦、晚會啦，這起到一個帶頭作用。紗麗在今天依然很時尚。」

街頭表演的細密畫，據說毛筆是用松鼠尾巴上的毛做成的。

「Rana's」的紗麗王國建於一九六九年，它把具有兩百多年歷史的工藝傳統轉變為一種對美的表達藝術，一筆可從公眾文化遺產中獲得的現實財富。

　　除了這家於一九九六年新建的旗艦店，我們之後又去參觀了市中心的老店。店鋪擁擠矮小，生意興隆，我們從一排排正在看樣的女子身後經過，在她們的面前，那些耐心極佳的男店員們正在展開一片片的布匹。而太太們呢，她們通常不動聲色，任由巧舌如簧的店員講解布匹的美麗，最多偶爾和女伴交頭接耳一下，或者俯身輕輕用指肚體驗布匹的質地。

　　在老店的二樓，通過一扇小門，經過一段陰暗的氣味令人不悅的樓梯，我們便到達了生產的工廠。

　　任何美麗的事物都不需要你去想像它的前世，想像它的未來就足夠了。

　　在兩間寬敞而簡陋的倉庫裡，清一色的男性手工藝人坐在矮小的板凳上，為拉伸的紗麗刺繡。外面是一個喧鬧而炎熱的午後，倉庫裡安安靜靜，還點著幾支日光燈。每個人都專注於自己的針線。相對於那些黝黑的大手，布匹花樣實在太精細和柔美了。我想到了宣傳手冊上那一句

話：那些紗麗精品，都是由「最具自然天賦的藝術家，花了上千個小時來完成」——因此售價自然不菲：一件我剛才撫摸過的最好的紗麗，可能要賣到幾十萬甚至更多的盧比，堪比世界頂級品牌服裝。世世代代的手工藝人們正是在一擲千金的富太太們的激勵下，把精細刺繡這門古老技藝認認真真地傳承下去。

　　印度多面，印度女人的神情亦是多樣的。拉賈斯坦邦和孟買代表了印度的傳統與現代。我以為孟買女人是不穿紗麗的，她們一定和我遇見的受過海外教育的酒店公關們一樣，穿著黑色西裝，紮個馬尾辮，直白地用英語打情罵俏，或者和酒吧裡找樂子的年輕女孩一樣，穿坦肩露背的晚禮服。但當我光顧「Paaneri」，那裡的生意卻一樣好，紗麗一樣被股勤的大手唰唰唰地打開，如同落葉鋪滿平臺。

　　我慢慢發現，儘管孟買的炎熱來自海洋的暖風，而非沙漠的暴曬，但人們對風情的理解卻可以差不離。「風情」有時候和暴露多少面積的皮膚一點關係都沒有。有些中老年婦人雖然身材走形，面容留下歲月的痕跡，但她們穿上紗麗卻一樣有風情，配上有點兒故作優雅、甚至搔首弄姿的動作，倒也自然。我實在不敢想像，如果女人們都脫掉玫瑰紅和金色的紗麗，穿上乏味的長褲和T恤會使孟買街頭失色多少。

紗麗店內的雇員也是清一色男性，他們股勤地向女顧客們展示著一塊又一塊紗麗。

「Rana's」和「Paaneri」可能是印度最好的兩家紗麗店。後者有地理優勢，自然成為同城的寶萊塢名人們常常光顧的場所。它更加像個摩登都市裡的商場，有一溜櫃檯，展示井然有序，海報貼於牆壁，木頭模特以各種方式穿著紗麗，站在商場正中。這裡除了正襟危坐的當地人外，也不乏嘰嘰喳喳的年輕女孩，看著興奮勁兒像是獵奇的外地遊客。

誰能想到如此奢華精美的紗麗是在簡陋的工坊裡由清一色男子雕琢出來的呢？

在這個國家，似乎都是一群男性在揣測、製造、引導和服務於女性的美麗。紗麗都是老闆親自設計的，儘管他看起來並不是那麼文縐縐。他為了配合這個全印度最時髦的城市，對紗麗進行了改良，使其更輕便豐富，穿著方式也更加自由，

他還有自己的工廠實踐設計。

這兩家紗麗店也有共同點：他們雖然也出售幾千、上萬盧比的平民紗麗，但最熱衷的還是向人展示天價的珍品。雖然沒有人出得起價，但看著我們和其他觀眾的長吁短歎，創作者便在一旁沾沾自喜了。一件紗

麗可能值一套阿瑪尼的亞麻西裝的兩倍售價或夠妳買下三只愛馬仕的皮包。但可貴的是，妳的紗麗並非從同一張設計圖紙衍生的上萬件作品中的一件，妳穿著絕不會撞衫，它確確實實代表了妳個人的品位。除了批量印染的廉價紗麗外，其他陳列的幾百甚至上千件手工紗麗中絕無完全一樣的兩件，妳若遲疑一會兒，妳愛的那件便可能落入他人之手。

但有時候，面對太多的美，妳也會亂了陣腳。妳的審美和妳的主意一樣瞬息萬變，毫無規律。你又是否真能回憶起並買到踏進店門前的心中所想呢？

說回那對母女。女孩喜歡素淡的繡著銀色蝴蝶的雅綠色紗麗，但媽媽卻覺得它有那麼點兒寒酸，她更樂意女兒在某次學校聚會上能穿一襲紫色或紅色來贏得眼球，或是未來的愛情。最後媽媽勝利了。她們支付現金，是一大杳百元的美鈔（據我們的目測大約可換成七千元我們的貨幣），並歡歡喜喜地取走了那一件紗麗。

我也有那麼會兒幻想自己穿上那件雅綠色紗麗的樣子，但只不過想想罷了。我知道紗麗是屬於那片土地和歷史的東西，走不了太遠，但也沒那麼容易被速食品消滅。而我們，只不過是旁觀者罷了。⋯⋯✈

Chapter 09

〔泰國〕
Thailand
──
山水間舞蹈
的蘭納傳說

這裡的一切似乎都在閃爍，一切都很重要。
那豪華水晶燈與佛塔的結合，以及天花板上的天使典故，
先是使我興奮、喜悅、滿足，隨後又讓我有些沮喪和心虛。

　　我們措手不及地被捲入了古城內的「星期天街道」（Sunday Street）。它就像瑪律克斯筆下吉普賽人帶給馬貢多的集市、聖地牙哥狂歡節，或者只是蘭納（Lanna）古都該有的繁華。渾身金粉的活人雕塑、扭著蘭納舞手勢的四歲女孩、傻子、唱情歌的樂隊使狹窄的街道更加壅堵。當地人和遊客擠在一起，吃古怪的食物，試穿攤主親手織的拖鞋，撐開油紙傘，往脖子上套項鍊。等我們到達三國王紀念碑（Three King Monument）廣場時，一支年輕的流行樂隊正在演出，人們席地而坐聆聽高分貝的混亂的節奏，而就在一旁，幾名古裝小男孩賣力地敲鑼打鼓，他們鼓起腮幫，從口中噴出數米長的火舌。

　　「Saran」先生在我的筆記本上用黑色水筆畫下如棋盤的蘭納古城，他的妻子「Juthamas」在一旁欣喜地觀看他嫻熟的筆觸，難掩自豪地強調：「他是一名畫家。」

　　我能在嚴謹的線條中看見清邁的前世：一九二六年「Mengrai」王動用了逾九萬勞力建造他腦海中以宇宙為藍本的城市。古城內坐落著皇宮、貴族的房屋及重要寺廟，古城外分布的平民城鎮，像夜空中的群星，守衛著中心虛無縹緲的政權。那時候的城牆比現在的高許多，無數條兇猛的鱷魚在寬達十八公尺的護城河中游弋，黑暗中嗜血的氣息成全了城內的歌舞昇平。

清邁盛產美女，
以前泰國每次選美勝出的
都是清邁女孩。

「過去泰國小姐選美，每次都是清邁的女孩勝出。現在，當然，評委更喜歡混血的。」對我說此話的清邁婦女，眼瞼上有顆痣，年輕時必定也是美人。沒錯，那些膚色白皙、面頰飽滿的山區女孩可以作為蘭納人自豪的理由之一；其次，與泰國南部不同的音樂、節慶、舞蹈、建築、飲食、服裝……都增強了清邁人的地域自豪感。在清邁現代化進程推進約一個世紀後，「蘭納文化復興」的口號已被提出，前提是，這和政治無關。

如今，鱷魚當然沒有了，赤條條的孩子從城牆上跳進窄窄的護城河裡扎猛子，因為天氣炎熱。入夜後為觥籌交錯伴舞的人還在，她們穿著長及腳背的泰北窄裙，做著慢慢騰騰幾乎可以讓人發覺身體顫抖的動作。這番海市蜃樓，是由扎根旅遊業的蘭納「小王朝」們營造的。

當你坐在車中緩緩駛入清邁文華東方「Dhara Dhevi」度假村，路兩旁的火把把你引向金碧輝煌的大堂。大堂頂端的九座七層尖頂高聳入寶藍色夜空，被不真實的金光打亮，男女侍應生在雕樑畫棟間穿梭，琴師為你獨奏清幽樂曲。如此對夢幻宮殿的著力描繪，也只有在擁有蘭納傳說的土地上才可以唯妙唯肖。

夜間的清邁文華東方酒店如同皇宮一般璀璨。

　　我聽說過有關度假村的神話。天使贈給沒有生育的國王和皇后一個可愛的女兒，卻預言：到某個時刻，他必須帶走公主。國王、皇后為此殫精竭慮，最終聲稱誰能蓋出公主喜歡的宮殿就能娶她為妻。鄰國的王子們聞風而來，在王宮旁大興土木，所建的宮殿一座比一座美麗。可是公主看過後，都不喜歡。發怒的王子們準備聯合攻打該國，這令公主非常內疚。而就在此時，天使降臨了：「這正是我所說的時刻。」說完，他把公主帶上了天堂，留下滿是宮殿的王國。

　　這就是「Dhara Dhevi」（古梵文，意為「星光公主」），富有的汽車商人「Suchet Suwanmongkol」為女兒建設的龐大王國，用約一億七千四百萬美元營造的豪華夢境。

　　當我們坐在「Le Grand Lanna」餐廳外的棗紅色油紙傘下用餐時，我向酒店的經理「Visith」提起此事。想不到，她驚訝地瞪大眼睛：「我第一次聽說這個故事。會是誰最先想出來的呢？」

整個度假村按照古城的格局建造，高大的城牆、寬大的城門、寺廟、皇宮（大堂）、露天劇場（古劇場遺跡）、稻田、河流、水塘、散落的村舍（villa）一應俱全。為了使夢境更加逼真，生活場景繼續開展著：戴斗笠的園丁、稻田裡的農民和水牛、荷花池邊踱步的鴨子，以及來來往往的「村民」……而「演員」是四百名全職員工、六百名兼職員工、二十個真實的農民和六十個園丁。

當然還有「貴族」，這由客人扮演。在某跨國公司的一次黃昏派對上，半人半獸雕像手托蠟燭迎接來客，它們腳下的池水中，來自湄公河的一米多長的黑色蛇魚焦躁不安。如仙女下凡般身披輕紗的性感女子在點起火把的稻田中赤足起舞，客人們在寬闊露臺上飲酒作樂，夜色奢侈鬼魅。而另一次派對開始前，工作人員用三大筐紅、黃、白花瓣在草坪上描畫出地毯圖案，村民擺起數十個燭光攤位，大伯推著自行車叫賣最純正的泰國咖啡，老人製作蠟燭花，姑娘烤大蝦……是的，皇宮也有，市井也有，你還需要那座真正的蘭納古城嗎？

第二天，我到「Dheva Spa」去見精通阿育吠陀療法（Ayurveda）的印度醫生「Rajeev」，他讓我填寫極為複雜的有關健康的問卷，並仔細詢問我的飲食生活習慣。我向他以及這門古老的印度草藥學提出了難題：不時發作的頸椎痠痛、胃疼和健忘。

「以後妳需要牢記兩點：一，在八點之前一定要吃熱的早飯；二，在一個時間只能想一件事。」他正兒八經地對我說。

隨後他為我設計了一次融合「Pottali Abhyanga」和「Shirobhyanga」的治療。前者被認為是阿育吠陀療法中最為重要的，使用「bolus」增強免疫力，促進血液循環。傳統的蘭納bolus把藥草壓縮成球狀煮軟，而「Rajeev」醫生別出心裁地添加了蘭納主食糯米，並沾上芳香精油，於是當它與我的皮膚接觸時，溫暖、潤滑並有韌性的觸感，是其他物質所無法模擬的。在進行Shirobhyanga」時，一縷溫熱的

精油緩緩流在我的前額上，四下散溢，一下子包圍了我的頭部，按摩師在頭頂、眼、耳朵和脖子上做按摩，據說能改善視力、治療失眠，同時使我集中注意力。

十五世紀是蘭納王朝的黃金時期，它統治的範圍包括今天的泰國北部、寮國西北部、緬甸撣邦的東部以及雲南的西雙版納。最初，他們信「萬物有靈論」，之後又把南傳佛教傳向蘭納王朝的境外、身後。在從緬甸人轉至暹羅人的統治後，清邁一度遭到遺棄，直到除大象和船以外的新交通方式，把它從山區叢林中向世界引薦。

「Dhara Dhevi」度假村的年輕建築師「Rachen Intawong」在清邁出生和學習建築。「我們希望通過Dhara Dhevi」的建造來創造一個傳說，對我而言這是一個重現過去的地方。」當然，它也重現了昔日版圖。

因此我在度假村內重逢了去年在寮國瑯勃拉邦見到的「生命之樹」，這棵鑲嵌在香通寺（Wat Xieng Thong）深紅牆壁上的彩色玻璃樹被複製到了會議廳的外牆上，在斜射的陽光中璀璨生輝。後期建起的殖民套房不倫不類地在英國建築上加蓋緬甸屋頂，這同樣是歷史的一部分。

度假村內一百二十三幢villa各不相同，散落在移植的巨樹叢中，要回房間可以搭馬車、高爾夫球車，或像我們那樣借一輛自行車。絕大部分villa是柚木搭建的泰北兩層村舍，配備廚房、泳池和不止一個按摩浴缸。此外我們還經過一棟西雙版納土牆圍起的吊腳樓，它旁邊那棟的蔬

菜園子裡種滿巨型絲瓜和南瓜，傳來孩子的戲水聲，另一棟擁有大片荷花池……我住的六十五號樓的泳池面向開闊稻田，二樓露臺上的按摩浴缸也是遠眺景致的好位置。

蘭納有「百萬稻田」之意，我決定在合適的地方做一件合適的事。我在手工藝村換上靛藍色農服，套上防水靴，戴上斗笠，跟隨D來到稻田。七、八位農民牽了一頭壯碩的粉紅色水牛已等候多時。

我膽戰心驚地爬上牛背，在田埂上溜達了一圈，隨後和一位女農民下到水塘中，把稻苗分插進腳底的淤泥。我樂在其中地栽了一捆又一捆，雖然明知等我一轉身，他們就會把勞動果實全都拔光──因為，這只是一項娛樂。

「我們管它叫作『Bud-disney』。」「Thitipol」對我說。

「佛教迪士尼？」我覺得這很幽默。我從他口氣中聽出了揶揄，雖然我並不認為給客人製造樂趣有什麼過錯。

這裡的一切似乎都在閃爍，一切都很重要。那豪華水晶燈與佛塔的結合，以及天花板上的天使典故，先是使我興奮、喜悅、滿足，隨後又讓我有些沮喪和心虛。

清邁文華東方度假村，就連游泳池也被寺廟宮殿建築包圍，被藝術家調侃為「佛教迪士尼」。

清邁文華東方酒店內的栽水稻也成了一項娛樂。

那時是我在度假村的第四天，當我被奢侈完美震撼的感官鬆懈下來後，我開始體會到人們在這場旅遊業的蘭納復興潮中屢屢遭遇的困惑：在度假村中建造寺廟及密密麻麻的佛塔般的尖屋頂是否對宗教不敬？在「蘭納博物館」的基礎上加入娛樂元素是否會抹殺文化復興的嚴肅性和嚴謹性？物質（從建築到生活）的蘭納化能否影響到精神的接近？最重要的是，它重現的是真正的蘭納景象嗎？雖然，又有誰能畫出照片般的史實！

在「星期天街道」的人潮中，我們曾見一小支隊伍舉著一位人物的頭像高喊而過。在主幹道和廣場旁，我也曾見過這位「一號先生」的大幅廣告，以及有著典型成功人士形象的二號、三號、四號……「這是在選舉新市長，」M告訴我，「一號是現任市長，因此他的宣傳也最多。」

「你支持誰？」

「說實話，有位女性候選人是我朋友，但我支持她，並非為了友誼，而是因為我總歸是站在女性這一邊的。」M從日本留學回來，三十三歲，未婚，喜歡吃西餐，熱衷於韓劇，她代表了獨立開放的清邁新市民。

兩個極端在清邁交融，時尚的餐廳、酒店、SPA喜歡以「Lanna」命名，以蘭納風格自居。遊客們總要試一下豬肉腸、炸豬皮和糯米飯，並且非得席地而坐就著「Khantoke」（一種帶基座的小圓桌）才能吃得美滋美味。浪漫的孔明燈不顧節令地奔向夜空，為遊客們夜復一夜地放飛壞運氣。蘭納織物的手法從未改進，那規則華麗的圖案卻至今是愛美之人的選擇。家長重新把孩子送去學蘭納舞蹈、拳術和樂器，建築又開始在屋頂前部冠上「V」形裝飾（古蘭納人相信它能辟邪）。然而，這個城市裡的人卻像M一樣是新的。

　　「Thitipol」和溫婉的妻子開著本田小車接我們去大學辦公室。一路上他從泰國的經濟前景，扯到將繼承王位的王儲和明星們的緋聞。他也忍不住評論人們對泰國國王普密蓬過於高調的愛，雖然他承認這是發自肺腑的。眼前這位清邁大學藝術系老師，對我們認為順理成章的事總忍不住揶揄上幾句，而我相信玩世不恭的另一個極端是他對藝術的熱情。

　　「古時候的音樂是隨著戰爭發展的。他們打仗不是為了占領土地，而是為了得到更多的勞力。而當人被集體轉移時，音樂也被帶走，和另一地的混合，如求愛的山歌。」在他看來，蘭納音樂有其特殊性，而泰國不同階層對音樂的接受現狀也很特殊，「社會高層基本不聽本土音樂，中層喜歡聽流行音樂，底層人民聽不到西方音樂。」

　　正因為如此，一九九八年「Thitipol」組建了「Changsaton」樂隊，以西方的手法重新闡釋蘭納音樂。那麼，從一位熟諳蘭納歷史的藝術家的角度來說，他最喜歡哪家酒店？「Rachamankha。」他毫不猶疑地回答，雖然這家小型酒店曾因外觀模仿泰國南邦寺而遭到宗教保守派人士的非議。

　　我和酒店經理「Choochart」先生初次見面時，頭頂的天空兩次傳來震耳欲聾的轟鳴，把談話淹沒。

　　「王儲最近在清邁，這是他和戰鬥機隊在演習。」他向我解釋道。

　　「為什麼選擇在清邁演習？」我以為這會和那幾天鬧得沸沸揚揚的泰愛泰黨解散有關。（清邁是他信的家鄉。）

　　「也許因為清邁景色更好吧。」他笑起來。

　　我願意把「Choochart」當做清邁人的典型，低調、靦腆，卻又真誠、盡力，就和「Rachamankha」一樣。

當時我們正身處四面通透的廳堂中，他告訴我，從前蘭納人蓋房子都是男人蓋屋頂，女人做牆壁。他突然指著那坑坑窪窪的白色牆壁說：「牆面石灰是女人手工塗上去的，並未修飾或上色。」他又指著身旁兩排朱紅色立柱說：「這紅色不是漆，而是來自緬甸的一種植物『chard』，古代用於泰國廟宇和皇宮。」接著，他指著我坐的木椅：「唔，這套家具是古董，從中國珠海運過來的，因為妳知道，泰國人古時候不用家具。」

　　我指著一樣一樣東西問他，得到的回答都是：「是的，它是特殊的，它也是。」就連走廊上的一口雕花木箱，都可能是古蘭納人的什物。我開始坐立不安起來，看似大瓦房般樸實無華的屋子，每一樣物件卻都擁有可著書的內涵，主人好客得誇張。

　　位於古城中心巷子裡的「Rachamankha」，處處成對稱圖形，連院落裡一左一右兩棵雞蛋花樹都很相似。兩個中式庭院的兩側是二十多間單層廂房，繞過矮樹分隔的空間，可以到達私人會所必備的餐廳、書房和泳池。酒店的主人，「Ongard Satrabhandhu」和繼子「Rooj Changtrakul」，分別完成了建築和室內設計。「Ongard」在美國耶魯大學和康奈爾大學獲得了學士和碩士學位，曾師從世界著名建築師「Frank Lloyd Wright」。

　　這對父子兼事業合夥人在餐廳（那裡一道巧克力澆烤水果的甜品很棒）樓上還擁有一間小型收藏館。正對大門的是一尊來自寮國的高大佛像。「他的手臂像大象鼻子又細又長，這是當時的佛像的特徵。「Choochart」為我們打開頂燈。他有多美呢？那纖細流暢的線條，和身上隱隱約約的色澤，在寺廟中都難以尋見。收藏館中另有不少珍貴的七百年前的陶器。

　　「Rachamankha」本身是一件完整的藝術品，這並非是一個比喻句。讓我覺得不可思議的是，它的主人竟允許素不相識的八方來客與它親密接觸（十歲以下兒童除外）。

首先，來自中國、寮國、緬甸的古董繼續保持著功用，熏香爐裡還有香，瓷瓶裡供著鮮花，凳子可以歇腳，帶銅質扣環的木門從中國拆下來成了你在清邁的房門。一切都是活著的，隨著樸素寧謐的四合廊院一起呼吸。

其次，他們把畢卡索、亨利·摩爾、羅伯特·馬塞維爾等人的真跡以及大量亞洲古董字畫置入普通畫框，陳列於大堂、餐廳、廁所，甚至你的客房，你可以鼻子貼著畫框觀察、撫摩它們。「Choochart」剛剛給我講解完喬達摩·悉達多放棄妻兒和輪轉王公德的壁畫，又帶我看床尾的畢卡索草圖。

「不怕被客人拿走嗎？」我更關心這個。

「每天會有打掃房間的人檢查。」

「他們可以以假換真。」我終究沒有把這句話說出口，因為我先對自己的假設於心不忍起來：真有人會辜負主人的這番信任和慷慨嗎？

有天晚上電閃雷鳴，下起了暴雨，我獨自來到收藏蘭納書籍的書房。那裡空無一人，房間裡亮著燈，桌上備好了免費自取的威士和水。我在書房看書，流連至夜深。

十點關門時間到了，一名打傘的侍應生準時出現在門外。可當他發現我還在閱讀時，卻並未有任何提醒和打擾，而是轉身悄悄離去……也許我們已經習慣了以房費衡量建築、服務，而這是第一次，我非理性地被這個在雨中的背影打動。一個象徵自由尺度的微小細節，恰能抵過豪華酒店中上百張標準化的笑臉和上百句程式化的問候。

我們在馬路上找到一個缺口，順著樹叢回到四季度假村，正好遇上了一場傳統婚禮儀式。在稻田邊的小亭子裡，一位身著民間服飾的老人為新人的手指綁上紅線，口中念念有詞。戴細長金指甲的女孩魚貫而入，在樂手的伴奏中跳起了手指舞。亭子外天色陰沉，細雨撲朔，新人坐上高爾夫球車，穿過曲折的田埂上一個又一個白布飄飄的花門離去。

在水牛和稻田的問題上，清邁文華東方也許並不需要澄清是否抄襲了清邁四季，因為，它們都可以理直氣壯地說，這是對蘭納村莊的複製。

清邁四季度假村的設計師、保護蘭納風格的專家「Ajarn Chulathat」曾為不少泰國皇室成員設計私宅。他解釋：「傳統蘭納村莊有兩種，第一種是濕地風格，第二種處於多稻田的丘陵地帶。我決定模仿第二種。」

早在一九九五年，四季度假村（當時的名字是麗晶）已經在客人踏進大堂那一刻，向他們引薦腳下向眉林谷（Mae Rim Vally）延伸的遼闊稻田，並在恰當的時間讓幾位農民牽著老水牛經過，引來客人的驚呼和爭相合影。

文華東方是一個王國，而四季甘心做大山和森林中一座樸素精確的村莊。

一束巨型「kom kra daat」（用於寺廟或宗教儀式上的紙燈）從大堂頂的至高點上垂掛下來，最長的達三公尺，直徑八十公分，用竹子做框架，純白棉布代替白紙，在穿堂風中微擺，那架勢簡直可以把大象催眠。

這座大堂在傳統蘭納村莊中的身份是主寺廟，它設計簡潔，向所有路人敞開，是村民聚會的場所。大堂提供的歇息處是兩個帶竹子天篷的巨型象轎（howdahs，泰北皇家象隊出行時的裝備），而站在大堂臺階上，稻田、湖泊、青山都擺在眼前，那是占了好位置、不花成本的風景。

以大堂為中心，周圍是十六棟帶四個套房、屋頂上聳立著辟邪的「V」形的高腳屋（raised house）。如村莊一樣，房子與房子之間由木質行道連接。也許當你在森林中迷路，一張突然出現的紅色戶外防水沙發會提醒你，你依然在酒店之中。每一個套房都帶有露臺「sala」，其

在真正的村莊中是遊人或田地工人的歇腳處。入夜，我們走出房間，坐在「sala」的坐墊上，可以聽見交織在一起的複雜而曖昧的蟲鳴聲。夜色抹掉了水晶、金色、佛像，也掩蓋了建築的形態，只有對面高腳屋的燈光提醒你在歷史和地理中的方位。

在離開四季度假村前，我們冒雨拜訪度假村後門外的「Saran」畫廊。那對清淡的年輕夫婦守著不見人煙的山水，彷彿神仙眷侶。

「Saran」，首要身份是「Fon-jerng」大師。古蘭納拳術「Fon-jerng」看似輕柔飄逸，在古時候若對打可致命，如今多用於表演拳術和舞蹈。十年前，十五歲的「Saran」看見家鄉老人跳「jerng」，覺得很美，主動拜師學藝。如今，他的五位老師中的四位已過世，而當「Saran」在清邁和世界各地的節日、儀式上表演完後，總有觀眾請求他收自己或自己的孩子為徒。

「Saran」的第二個身份是「Changsaton」樂隊的成員，最後他才是一名畫家。畫廊內陳列著他的以蘭納宗教、風俗、人物為題材的現代畫。為了解釋清楚蘭納文化的特徵，他開始給我在本子上畫城池、各式蘭納屋頂、寺廟大門、「Singna」（傳說中形似老虎的動物）和「Naga」。

接著，他給我講了兩個傳說，第一個：「Naga」半人半蛇，他一心希望自己能成為佛教徒，於是變成和尚的模樣住到了寺廟中，只是不久後在房中變回蛇形。寺中和尚「Sampoth」因為目睹了這一幕而無法答應為他剃度，最終「Naga」的誠心打動了「Sampoth」。

第二個：「Mengrai」王在建下清萊後不久，希望能找到更有利於農業發展的地方建新都。有天他在另兩位王的陪同下打獵，在清邁的土地上撞見了象徵吉祥的兩隻白色水鹿、兩隻白色赤鹿、白色老鼠一家，而決定選址於此。

我笑起來，我更相信是濱河（Ping River）之畔、素貼山（Doi Suthep Mountain）腳下的這塊不乏水和木材的土壤，像珍稀白色動物一樣說服了「Mengrai」王。

↑　「Saran」脫掉拖鞋為我們表演「Fon-jerng」。
←　清曼寺。

　　有天傍晚，我們找到了比清邁年紀更老的清曼寺（Wat Chiang Man）。數十隻野狗在長路塔（Chang Lom chedi）下徘徊，這座錫蘭風格古塔的底座是代表不明物質海洋的十五隻石象，而由塔象徵的宇宙在海洋上漂浮。「Mengrai」王當年先建下了清曼寺，隨後住在寺中監督清邁城的建造。

　　聽完故事，暴雨停歇，烏雲消散，「Juthamas」露出欣慰表情。今天是「Vesak」（佛生日，通常在五月末），她已打算好了傍晚和親人一起去寺廟。屆時，成千上萬的清邁人會手執蠟燭，圍繞佛寺三圈，並祈禱。

　　「Saran」脫掉拖鞋，赤足走上畫廊背後的草地，為我們表演起Fon-jerng」。此時，略帶陰鬱卻透澈的雨後陽光開始為他身後的景致上色：碧綠草甸向寧靜如鏡的湖泊鋪展，連綿的青山頂端尚籠罩在飽含水分的濃霧中，「Saran」的動作如與天地融為一體……在山水之間的舞蹈，適合成為傳說。還有更多今天的傳說，需要留下來。⋯⋯ ✈

炎炎烈日下，在恆河河畔靜坐讀字的年輕女子。

Part Two
時間記憶

▶ Chapter 10 ◀

〔洛桑〕
Lausanne
/
在時間中心
喚醒童話

這才是王子到達時目睹的城市，
壁爐中的火、烤麵包的香味、半枯萎的天竺葵、
馬兒被風揚起的鬃毛，都已停滯。

↖ 從教堂上俯瞰洛桑城市的全貌。

　　我們沿著二百三十二級石階向上，昏黃的燈火照亮一小段狹窄盤旋的臺階，身前和身後都是沉沉的黑暗。拉長的影子淡淡地貼著石壁，形成一片微弱而搖擺的領地。J走在第一個，我最後一個，攀登在令人暈頭轉向的通向塔頂之路上。

　　我有些氣喘地問：「你信天主教嗎？」

　　「以前信，但我現在更相信，信仰是不分宗教派別的。」他停下來，右手食指指著上方說，「我們的天上都有同一位神，每個人都是平等的。」多麼完美，也多麼討巧的回答，他也許正擔心會遇上一群來自東方的狂熱的佛教徒。

即便去教堂是開始於很久以前的例行家事，我還是沒能融入這種氣氛。最初的鄉村教堂是小河邊一個帶院落的大禮堂，洗禮池旁種著海棠。姑媽總會在禮拜天帶我前往，勻給我一個下跪的麻草墊。清淡的基督教堂只在耶誕節時盛裝，總記得身材瘦小的我被人海擠得如一根浮枝，卻不忘從老太太手裡領取一袋小小的聖糕；某年的聖誕夜我爬上末排的草墊堆，把手舉得老高搶答牧師關於聖經的問題，只為了吸引臺上唱詩班裡套著白褂子的表哥的注意。

後來一位美國鋼鐵大王，也是我們鎮信仰基督教的傑出市民，年老時重遊家鄉，把它修成了一棟有著灰白色牆面和尖頂的兩層小樓。從此，整齊的長條座位使聖誕夜過於有秩序，燈光過於明亮，這一切都缺少了恍惚夢境的特質。

而這一刻，異域的、陌生的石壁圈起了我們，引向更近神的高度。

我們鑽出通道，置身於城市的雲端，剔透的寶藍色天空後隱藏著若隱若現的天光。從教堂頂端俯瞰隨山勢起伏的洛桑老城，中世紀民居窗內亮著星星點點的燈光，純潔祥和，全在其他城市所常見的夜間斑斕甚至邋遢的光芒和暗湧的欲望。

離十點還有十分鐘。

曾有一陣，洛桑老城在我心裡是一塊清晨帶出門的白手帕，時間帶給它面目全非的命運。而一個人對一個僅有一面之緣的城市會有多大的誤解？

周末和冰涼的雨使整個城市空蕩蕩的，瀰漫著令人手足無措的孤獨感。「這是睡美人的城市。」我對每個人都那麼描述，毫不理會以後在資料上讀到的它的繁華似錦。

沿一條潮濕陡峭的石板路，經過安靜的咖啡店、明亮的商店櫥窗，轉過中世紀的噴泉廣場，從有木棚罩頂的石階向上，整個上午都沒有撞到一個行人。當小公主被紡針扎到的那一刻，所有的城民立刻沉沉睡去……這才是王子到達時目睹的城市，壁爐中的火、烤麵包的香味、半枯萎的天竺葵、馬兒被風揚起的鬃毛，都已停滯。

城市在睡夢中露出的笑容有幾分肅殺，而王子要見的愛人，臉上的紅暈還沒有退去。

下雨時氣溫驟降，有人冷得跺腳，吵嚷著要回酒店拿衣服，並抱怨這鬼天氣影響了他們留影。我沒帶傘，把相機藏在絨外套裡，在長廊下躲雨，突然意識到這就是物理學家阿蘭·萊特曼所說的靜止的時間中心：「他們需要永恆的滿足，即使永恆意味著固定凝滯，像標本盒裡的蝴蝶一樣。」

這座一一五〇年動工修建、一二七五年落成的聖母大教堂，具有歌特式陰鬱而華貴的氣質。流蘇般下垂的石柱上尚未磨滅的彩繪，以及玫瑰窗上豔麗繁複的圖案，是肅穆籠罩下的狂歡。無處藏身的我局促地扶欄而站，吹著讓人眼睛濕潤的夜風。

J借著蠟燭的火光，照著門鎖掏鑰匙。

J在塔頂的住所，借用木梁之間狹長的空間，局促、單調，站了兩個人後連轉身都困難。我在門後發現了彩色蠟筆畫：草地上的小女孩。這提醒我，四十三歲的主人公J是兩個女孩的父親、妻子的丈夫、曾經的法文老師、白天為殘疾人工作的社工。每天凌晨兩點J結束他的職責，如果天氣轉冷他就睡在這裡，一邊讀書，一邊在靠牆的小木桌上慢慢熬著乳酪火鍋。

下午我站在教堂內部，突然感覺頂部像瀑布般瀉下的石雕似曾相識，從包裡掏出在日內瓦聖皮爾大教堂內買的明信片，吃驚地發現明信片上的教堂竟不是聖皮爾，而是這一座。我想把這個巧合寫在它的背面與人分享，卻無論如何也想不全任何人的地址、郵編。我突然變得有點兒慚愧，甚至暴躁了。時間，終於使所有的人、所有的感覺不再親密無間。就像這座教堂由堅硬的線條勾勒的高聳入雲的黑影，無時無刻不為了昭示力量和威懾。

而建築側面的塔樓或鐘樓，又帶著怎樣的精神隱喻？睡美人躺在三十五英尺的塔樓上沉睡了一百年，被囚禁的萵苣姑娘就是從塔樓上垂下她的長髮迎接情人，巫婆總是形單影隻守著塔樓，還有傳說之外的 J，也許一生中所有的黑夜都將獨自住在雲端，距離每一個他人都至少有幾百英尺。每天清晨當鳥叫帶來美麗的洛桑黎明，當日內瓦湖和阿爾卑斯山在視線盡頭出現，他才得以從職責中解脫。

這聽起來像是一個詛咒，一個關於孤獨的詛咒。

我們先是聽到了十下悅耳的鐘聲。J 給自己戴上了一頂軟帽，提著燈，走出了房間。我無意中看到書架上的一本書的封面，就是 J，戴著一頂同樣的帽子。

他解釋：「我喜歡這頂帽子，以前的守夜人也是這麼做的。提燈是為了讓下面的人能立刻看見自己，但他們不能直接看到我的臉。」

一分鐘後，位於 J 住所後的那口大鐘突如其來地擲給了我們令人窒息的炸響，中間還夾雜著隱約可辨的十下敲打。我堵住了耳朵，想要逃跑，但它依舊那麼近，那麼響，使我感覺心臟如在一個鐵匣子裡亂撞。

後來問 J：你怎麼能做到在這麼響的鐘聲中安處？

J 聳聳肩回答，他已經習慣了，甚至他睡沉時都聽不見鐘聲。

此刻 J 的雙手緊緊圈在嘴邊大聲喊了起來。優揚的法語，他是個歌唱家。句子穿過清澈的空氣，穿透擁著薄雲的夜色，掠過曲折的街角，直達洛桑人的耳朵裡。

地面上幾名男孩仰頭向上望。

洛桑在歷史上一度遭到東南方強大的薩伏瓦公爵軍隊的覬覦，為了防止敵人入侵，洛桑大主教在洛桑城四周建立起一個守夜人網路。

這是離天堂最近的哨崗，履行者應該覺得榮耀吧。至於孤獨？提這樣的話題總是要被人恥笑的。而哨崗中最重要的一個，必定是位於城市最高點的聖母大教堂上的守夜人。

中世紀時期，歐洲許多城市都在教堂設這樣的職位。守夜人，除了要在每個整點報時之外，還要從高處巡視整座城市，一旦有火災或者軍情發生，他們就要敲響教堂的鐘，把居民從睡夢中喚醒。

後來成為中立國的瑞士，不再有戰爭的風險；每一個人低頭就可以看到手錶上的秒針；而報治安警或火警都有了電話。雖然這一切都促使原有的網路瓦解，但洛桑聖母大教堂還是將塔頂的這雙眼睛，一直保留了六百多年。

J 又分別朝北、西、南喊了同樣的法文句子。

一三一〇年的某一天，十點一過，不同教堂的守夜人們報時的喊聲就會在洛桑老城中此起彼伏，不同的音色，不同的高低，像振盪的鐘擺——「我是守夜人，現在是十點鐘了……」居民打開窗戶，路人停下腳步，孩子中斷哭鬧聆聽。

我按下口袋裡的小機器，錄下了狂暴的鐘聲和 J 沁人心肺的呼喊。同時那一刻，我突然完整地記起《聖經》裡的一句：「我追想古時之日，上古之年。我想起我夜間的歌曲，捫心自問，我心裡也仔細省察。」

我一直相信人們只是反反覆覆被自己的虔誠感動，像我這般的人只是在宗教氛圍裡成長起來的虛無份子。童年親切的鄉村教堂常常讓我走神，每當我跪在草墊上，在此起彼伏的「阿門」聲中偷偷抬起頭，總會看到姑媽以及其他人的後脖頸正在顫抖。他們的臉埋在衣袖裡，聲音像是從肚子裡發出來的。

直到大學的最後一個平安夜，我才終於能夠表情嫻靜地盤腿坐在金陵神學院小房間的地板上，和十幾個陌生人一起聽博士傳教，而外面不時傳來打雪仗的尖叫。

現在如有人和我談信仰，我會用電影大智若魚（*Big Fish*）中樂觀老父的那句話回應：「你和人們什麼都可以談論，除了宗教。」

「為什麼是先朝東方呢？」

J 摘下帽子，他有一雙淡褐色的眼睛和睫毛。

「歷史上第一個守夜人的家在教堂東面，他每天晚上總是先朝著家的方向喊，希望家人先聽到他的聲音。後來所有的守夜人都照他這麼做了。」

我釋然地笑。當我們很用力地呼喊，很用力地完成一件事，也許打心底裡來說只是為了讓一個人聽到，得到一個人的讚賞。

我們四人帶了 J 的鑰匙開始下塔樓，就好像緊緊揣著破除詛咒的密碼。出了大門，幫他從外頭鎖好門後， J 已把一根長長的細繩慢慢悠悠地從塔頂放下來了。我抓住了繩子，把鑰匙繫在繩子一端，用力一拉作為信號，繩子便開始往上收。

J 向我們揮手告別，夜空是他的背景。我仰頭望著鑰匙貼著塔樓外壁緩緩上升，逐漸消失在我的視線裡，直到脖子有點痠。

在一段無聲告別中，時鐘的指標又滑過了一格。⋯⋯⋯✈

▶ Chapter 11 ◀

〔日本〕
Japan
／
不需要語言
的煙火

這時我才發現，
自己已在短短幾天內適應了沒有語言輔助的溝通。
如果猜錯了，又何妨呢？
我已經不在乎他們是不是上錯菜，不在乎問路的方向對不對。
因為無論多麼隨意，總能到達目的地。

　　在出發去日本的前一晚查看郵件，才發現我在一個月前訂的酒店並沒有發回有空房的確認信。由於清晨飛機就要出發，我急忙撥打酒店電話，指望有人深夜值班。

　　電話接通後一個女子用柔美的聲音說起了日文，儘管我用英語對她大呼小叫，她還是持續說了將近半分鐘。直到她說完話後傳來「嗶」的一聲，我才明白剛才說話的是自動答應機。

　　於是，迷失東京的感覺在尚未到達日本領土時，就已經來臨。

　　那部叫《迷失東京》（又譯《愛情，不用翻譯》）的電影的英文名其實應該直譯為「迷失於翻譯（Lost in Translation）」。或許，當語言的溝通不復存在或者漏洞百出時，我們才會發現自己也同時迷失於地點、時間甚至人物。

　　在東京下飛機後，我立刻用手機查詢郵件，幸好及時收到了酒店發來的確認信。我上次到日本是乘郵輪從上海出發，抵達長崎。當年原子彈著陸的地方已改為和平公園，為長崎旅行覆上了沉重的氣氛，但離港時一支在碼頭上跳歡送舞蹈的女學生啦啦隊又傳達了獨屬日本的娛樂感。在長崎的商場裡，一個素不相識的熟食店老闆畢恭畢敬地把幾塊包裝好的魚餅雙手遞上，並吐出一個英文單詞——禮物，讓我對這一海邊小城頓生親切感。

「東京人可不這樣，」當時一個在長崎居住多年的中國人說，「東京人壓力大，也沒這麼友善。」這是「小」對於「大」本身的揣測和無助。

作為一個在江南小鎮長大又在美國小鎮待了好一陣子的人，說自己有都市恐懼症也許並不算矯情，而東京比任何一個城市更容易激發這種恐懼——人潮洶湧，隨時從四面八方湧來，聲音、色彩、氣味充斥著你的五感。

巨大的孤獨感並非在你獨處時產生，相反，它總是當你身處喧鬧，卻又與周遭格格不入時才會突兀地降臨，就好像調錯了頻道的對講機。

站在涉谷中心的紅綠燈前，每次綠燈一亮便有上萬人同時穿過十字路口。打扮時尚的都市女孩們對面而行，如同兩支氣勢磅礡的大軍正要交戰。

迷失感真正爆發是在原宿的大商場。一站上扶手梯，便感覺自己的聽覺變得無效，每家店鋪的營業員都用你聽不懂的外語叫囂著，晃動著手中的折扣看板。最終，我只是在日文中疲於穿梭，什麼都沒有買到。

那些畫煙熏妝、染金色頭髮的摩登女孩，第二天可能穿著傳統和服出現在淺草寺。她們粉面桃花，和年輕男孩們挽著手，身影在各個地鐵站的人流中若隱若現。儘管天氣酷熱並且穿著層層疊疊的和服，她們的舉止依然坦然自若，穿著木屐邁開小碎步，不時用手帕輕輕擦去額頭的汗水。

那一晚淺草寺的煙花吸引了八十萬的觀眾。可惜中途的一場雷陣雨中斷了煙火，也澆滅了觀眾的熱情。其時，在酒店、餐廳或者商場可以借到透明無色的傘。它們一把把在雨中張開，湧入夜間的街道，像一個個漂浮的孤獨氣泡。

步行去歌舞伎町時正下著雨，越走越冷，我不得不把下午剛買的汗衫套在裙子外面。深夜的歌舞伎町依然酒醉喧囂，在那些遮遮掩掩的門

簾外，站著招攬顧客的穿白襯衫和西褲的男子們。深夜為小街的那些暗黑的角落製造著嘔吐物和垃圾。

東京彷彿永遠沒有安靜的那一刻。

它的嘈雜是為了治癒孤獨，卻讓孤獨更甚。這種空虛感不是在大酒店裡暢吃的黑毛和牛火鍋或者小酒館裡的一碗冷麵可以填補的，也不是歌舞伎町的某場夜酒可以撫慰的。

它是長在神經裡的。

其實，東京也有寧靜的時空，比如午後表參道上的林蔭道，比如上野公園內的不忍池畔，但真正的寧靜必定需要逃離東京。坐火車從重重

包圍中解脫出來，火車沿著海岸線行進，窗外是灰藍色大海和蔥鬱的大山，顏色素淡而大氣。

小鎮伊東是第一個目的地。

伊東是一個小站，在這裡只有寥寥幾個人下了車。火車站旁邊即是大海，灰色沙灘襯得天和海一色，如假的幕布一般湛藍。

推門進入酒店陽氣館，首先映入眼簾的是一面清涼的石壁。玻璃門外是一個精緻的假山庭院，潭水中養著幾尾黃色和紅色的金魚；和式的榻榻米房間內已經擺上綠茶果凍和冰茶。陽氣館最大的特色是它位於山頂的私家露天溫泉，在那裡可以俯瞰小鎮。通向溫泉的是一個私密的榻榻米小纜車，順著建在陡峭的山壁上的軌道，一直往上攀爬。

我脫掉浴袍，穿著比基尼剛要下水時，溫泉池中唯一的那個人站起來挪了挪位置，我這才發現這個男士是光著屁股的。還沒有在日本泡過男女共浴溫泉的我難免有一些遲疑，問剛進門的一對情侶：「必須是裸體的嗎？」

年輕女孩連比帶畫地笑道：「不穿衣服，不穿內褲。」她和男友很快脫光衣服，只用一塊小毛巾擋住身前，便下了水。好吧，我也照辦。鹹水泉的水質清澈，略帶鹹味。熱氣迷濛，四周樹影婆娑，遠處是小鎮落寞的夜景。池中四五人赤身相對，無比安靜。這種安寧彷彿從耳朵中洗去了東京的喧囂。

有一夜泡完溫泉後，突然感覺飢餓，便穿了浴袍上街尋找晚餐。白天在小鎮上步行，日曬厲害，幾乎看不到任何路人，而在晚上街道漆黑，依然不見路人。用Google尋找附近的餐廳，或許因為已經深夜十點，所到之處都已經關門。

遠遠地在一條漆黑的小巷子裡發現一個亮著的燈箱，上面有兩個毛筆字：大海。這是餐廳名。熟悉的文字和它所傳達的熟悉的意象，讓人

倍感溫暖。依然是滿盤的刺身，加上梅酒，慈眉善目的掌櫃老太太在我吃飯時一直想要告訴我什麼。在她的目光所指的壁櫥上，放著七個貓頭鷹陶器和一些手寫的筆跡。我猜測她說的是某個名人的到訪，向她豎起大拇指，她便「咯咯咯」歡快地笑了。

　　這時我才發現，自己已在短短幾天內適應了沒有語言輔助的溝通。如果猜錯了，又何妨呢？我已經不在乎他們是不是上錯菜，不在乎問路的方向對不對。因為無論多麼隨意，總能到達目的地。

　　如果在酒店訂了早餐，就要面臨一場突擊行動。一般早餐晚於八點半便不再提供，所以懶覺和早餐不可兼得。在熱海的一家日式酒店，雖然叮囑店家第二天八點叫早，誰知道房間裡的電視機卻在七點半突然自動開啟，播放起音樂和絮絮叨叨的日語。迷迷糊糊中爬起來關掉電視，剛想入睡，一會兒門外又響起了嘰哩呱啦的日語。

　　在伊東的清晨，聽到敲門聲便爬起來，睡眼迷濛中裹上浴袍。剛打開門，立刻衝進來一男一女兩個服務員，彷彿繳械一般迅速搶走了我的

床鋪被褥，把它們拖出了房間，讓我徹底滅絕了吃完早飯再睡一會兒的心願。待我從陽臺喝完茶回到房間時，略有些吃驚地發現黑色餐桌已經被擺到房間中央，桌上已經擺上了十道小碟。如此正襟危坐地用完隆重的早餐、早茶後，俯瞰窗外晨光中的海濱小鎮，已經沒有了闔起眼睛的欲望。

生魚片是從早餐開始必有的一道菜。每天都在吃魚，從各種生魚片到冷盆銀魚到烤鮑魚、烤鰻魚、烤黃魚……誰讓是在海邊小鎮上呢？有天老闆親自給我們在桌上把烤好的鮑魚切成片，灑上檸檬汁，如此體貼，只因為當天這是酒店內唯一入住的房間。「今天是工作日，東京的人便不會過來。」他解釋道。同時他建議我在晚飯後坐火車去伊東看海邊煙花——那該有多浪漫啊！看看外面的雨也已經停了，便決定出發。

離旅館最近的火車站是來宮站。整個車站在夜間空空蕩蕩，沒人檢票，沒人值班，燈光慘白的月臺上只有寥寥幾個乘客，一隻獾之類的動物在鐵路邊經過。火車在夜色中前進，直到停靠在下一個小鎮時，我才猛然發現相機包不見了。

經過努力回憶，我才想起自己把相機包忘在了來宮站。裡面有相機、火車票、手機等價值三萬多的物品，無奈，只好在下一個名為網代的小鎮跳下火車。

本來指望網代火車站有值班人員可以幫助聯繫來宮站，但卻發現這裡和來宮站一樣，工作人員都下班了，空無一人。車站外只有黑漆漆的街道，連一個路人都找不到。幸好，這時我發現街邊停了一輛亮著燈的計程車，一個白髮老司機站在車外乘涼。在伊豆半島打過幾次車，開車的幾乎都是老爺爺。

焦慮在這時候回到了體內。當適應了閒散的無溝通狀態後，我突然害怕無法讓這位老爺爺司機理解我目前面臨的緊急狀況。我衝到他面前，焦急地用手比畫，大呼小叫，一邊還故意把英語單詞念成怪怪的日式發音。終於，他仿似聽明白了什麼，揮揮手讓我趕緊上車。

我相信他真的聽懂了我的意思，因為計程車在夜間的海邊公路上一路飛馳，穿過一個個山洞隧道，掠過黑色的大海。看著他覆著灰白頭髮的後腦勺和裝飾著精緻白蕾絲的座位，我已經沒有力氣多說一句，只是靠在窗上，望著星光下的大海。我們靜默無語，他用年邁的換檔動作和車速告訴我他在盡力。而他聽懂了我的焦慮，當然也不是通過語言、翻譯或發音，而是——我想是一種全人類情感共通的電波吧。

在海岸的另一角，伊東的夏夜煙花已經開始了吧？回到來宮火車站，我奔上月臺，所有的座位都是空的，只有那個包還在那裡。···✈

▶ Chapter 12 ◀

〔柬埔寨＆寮國〕
Cambodia
& Laos／
星辰般散落
的詩意棲居者

梭羅曾說：「到了我們生命的某個時節，
我們往往習慣於將每一個棲身之所好好考察一下。」
於是有這樣一些人，改變尋找棲身之所的方向，
把驛站當成歸宿，插曲當成結局。

柬埔寨

「你在叢林裡看見一朵美麗純潔的鮮花，你把它摘下來，帶回家，插在花瓶裡，沒過幾天它就會死去。每個人都有適合自己的土壤，如果我帶她去加拿大生活，她會像沒有養分的鮮花一樣枯萎。她應該和她的家人，和她熟悉的一切在一起，所以我選擇留下來。」

挺著大肚、穿著牛仔布孕婦裙的蘭（Laan）正在一旁整理牆上的鏡框，丈夫德瑞克（Derek）的話顯然傳到了她的耳朵裡，她控制不住臉上甜蜜的笑靨。

這是清晨七點，湄公河上鋪了一層朦朧的晨曦，順流而下的獨木舟載著萬丈光芒在山巒與城市的堤岸之間穿行。僧侶清晨的化緣結束不久，布施完的信徒們夾著空簍在瑯勃拉邦空寂的街頭慢慢散去。

「White Elephant」戶外俱樂部因為一群看瀑布的客人提前開門。德瑞克站在店門口，對大夥大聲重複著他的招牌廣告詞：「我是德瑞克，來自加拿大的大個子，我在這裡等你們活著回來！」客人們大笑著跳上車，帶著蘭做的午餐動身去瀑布遠足。德瑞克轉身，向我們誇獎蘭：「這是一位了不起的女性，她懷八個月的身孕，依然大清早起床為客人們準備食物。」德瑞克走過去，小心翼翼地為她摘掉粘在領口的一粒米飯。他們手臂的膚色形成鮮明的對比。

一場陣雨把瑯勃拉邦的天空洗淨，穿背心、短褲和人字拖的遊客們慢慢悠悠踩著腳踏車，蓬鬆的雲團從前方的地平線升起。十九世紀九〇年代，瑯勃拉邦王國淪為法國保護國，引進的越南勞工在此留下大批法國殖民建築。如今這些優雅的小樓外掛著字體花稍的英文招牌，白色柵欄內種一兩株粉色或紫色的九重葛。孩子們蹺著腳丫，在街邊玩扔鞋子的遊戲。某家精品店不厭其煩地放著「Green Day」樂隊的最新專輯。

I am a slow walker,but never stop

　　這座群山環繞的王室舊都，同時擁有歐洲田園詩般的風光和六十六座金碧輝煌的古佛寺，為每個故事提供夢幻的布景。

　　我們在「Exotic Gems」珠寶店時，闖進來一個白人男孩，面頰和四肢的顏色看似煮熟的龍蝦。他一路坐船而來，裸露在外的皮膚被烈日灼傷，醫生卻給他開了過期的中國綠藥膏。他正急著打聽該怎麼回到醫院。

　　德瑞克送走男孩後，對我們說：「六年前，我就和這傢伙一樣坐著細長的快船從清萊出發，第一次來到瑯勃拉邦。那時候太陽厲害，水流湍急，大河中還有險礁。前不久聽說有艘船在湄公河翻了，我對自己說，天哪，當初真是危險。」

　　地圖上，瑯勃拉邦狹長的地形如同伸入水域的舌頭，南康河（NamKhan）和湄公河一左一右在舌尖交匯。數世紀中，由於缺乏可靠的陸地交通，它一直與東南亞其他地域隔絕。甚至當年從西貢走水路到瑯勃拉邦，比從西貢坐汽船到巴黎還要久。

可瑯勃拉邦向來不乏外國旅人。它曾被法國殖民者視為遠離巴黎的世外桃源，如今仍是一些人夢想的歸宿。在只有一條主街的瑯勃拉邦，定居於此的外國人目前大約有一百名。

　　一百個人會有一百條尋找歸宿的理由，和一百種方式。

　　「在加拿大，實現理想的成本太高。你有很好的點子，多半也只能放棄。我的家境不能給我更多機會，可瑯勃拉邦處處是機遇，我有機會改寫家族的命運。」德瑞克每當談話興奮時，腰部就像彈簧一樣左彎右折，手舞足蹈。

瑯勃拉邦著名的香通寺。牆上的生命之樹也被複製在了清邁的文華東方酒店的牆壁上。

　　六年前德瑞克在日本教英語，他很頭疼難以融入日本社會。在一次利用假期進行的東南亞之旅中，他給冷門的瑯勃拉邦安排了短短一天。

　　「你無法想像它當初是多麼和平、寧靜。」德瑞克初見的城市還沒有斑馬線，也沒有十分鐘才能走完的夜市長龍。天黑後，只有兩三名羞澀的少女點了蠟燭坐在漆黑的路邊賣手工衣服。

　　德瑞克很快又回到了這裡，在德國人經營的「Tiger Trail」戶外俱樂部找到工作，並認識了當時的同事、現在的寮國妻子蘭。由於和「Tiger Trail」老闆的意見相左，他無奈再次離開了瑯勃拉邦。

　　二○○四年，帶著開展事業的新計畫，德瑞克第三次來到瑯勃拉邦。他終於如願在這片與家鄉毫無牽連的土地上扎了根。

　　瑯勃拉邦不僅僅是適合蘭生存的土壤，德瑞克同樣如魚得水。他們已擁有「White Elephant」戶外俱樂部和「Exotic Gems」珠寶店，同時德瑞克期待與一名願意在此定居的西方人合夥，把生意擴展到酒吧、賓館、霜淇淋店……面貌千百年未變的瑯勃拉邦，從來不限制人們的欲望和想像。

　　「這是一個生活在過去，卻可以清楚知道未來的地方。」德瑞克抬了抬他那對戲劇性的眉毛。

寮國

　　崇尚「簡樸生活」的大衛‧梭羅曾遠離都市，隱居美國瓦爾登湖畔。他選了一個山坡，親自伐倒幾棵年幼白松，建起屋架。他又從一個工人手中買下一幢已經破落的木屋，拆散，曬乾木板，搭起自己的地窖和廚房。

　　一百六十多年後的今天，一對夫婦在南康河畔幾乎做著同樣瘋狂而詩意的事。

　　「這裡才是真正的寮國！」卡洛林（Caroline）穿著薄薄的絲質背心，赤腳在餐廳裡走來走去。他們購置了這片可以望見南康河的叢林，又從附近村莊買下十年前造的木屋，拆掉後重建成客房。卡洛林呼喊丈夫的名字，不遠處一棟木屋裡的敲敲打打聲中止了，格雷厄姆（Graham）從還未裝玻璃的窗框內探出腦袋，向我揮了揮手。

　　卡洛林迫不及待想帶我參觀「Graham & Caroline」。當然，她不會同意這個稱呼，因為它自有正經名字——「南康河度假村」。但是毋庸置疑，他們開闢荒野叢林，給它帶來生機，並像守護者般在此居住。卡洛林叫我們仔細聆聽叢林中的鳥叫聲，這還是我在獵鳥猖獗的寮國第一次聽到。她興奮地說：「牠們又慢慢回來了。」

　　南康河度假村位置隱蔽，只在馬路邊豎了一小塊木牌，接著順一條沙石下坡路一直向前，就到了粗糙的木柵門前。這裡綠蔭環繞，無任何塵世喧囂，透過枝杈可望見南康河的波光。分布在山坡上的五棟木屋已經建好了，茅草頂、敞開的大窗戶、面向大河和樹林的露臺。粗獷、原始，適合梭羅所說的靜思冥想，或者，什麼都不想。

　　卡洛林喜歡保持自然：「夏天熱的時候，就敞開窗子，叢林裡的微風永遠在吹。寮國的冬天有時候非常冷，只有零度，我們就在這房子中間生火。」

他們的房屋都採用村舍老木板重新搭建，既省力又避免了砍伐更多的樹木。絕大部分家具由兩人設計和打造，甚至沙地上的幾隻籃子都是卡洛林動手編的。他們在四周種植各式果樹，芒果、菠蘿蜜、龍眼、百香果，接下來還打算種點蔬菜，以便不時為餐廳客人一露身手。這兩人的能幹簡直讓我懷疑他們不是來自歐洲，而是剛從魯賓遜的荒島上獲救。

生在澳大利亞的卡洛林，上半輩子的故事幾乎都與海有關。父親是名水手，丈夫格雷厄姆則是來自英國的船舶工程師。婚後他倆駕著格雷厄姆製造的遊艇，在地中海和加勒比海的小島間航行生活。他做船長，她做廚師，整整十五年沒有回到大陸。他們經營私人遊艇，一些客戶還是美洲杯的得獎者。

卡洛林至今為美洲杯賽事激動，當說起上一屆冠軍是瑞士最年輕的富豪們贊助的船隊，她的聲音高了幾分貝：「當時全世界都覺得不可思議，冠軍竟然來自瑞士這樣一個內陸國家！」

當國王出馬，西班牙終於拿到了第三十二屆美洲杯主辦權時，卡洛林和格雷厄姆卻離開了他們居住的馬略卡島，來到了寮國——東南亞唯一沒有海岸線的國家。

雖然這次在僻靜叢林中建造的是房子，而不是遊艇，但相信對格雷厄姆來說，也不是什麼難事。

我們回到寬敞、通風的餐廳，卡洛林切開一個剛摘的百香果，遞給我一把小勺。我有點坐立不安，無心品嚐，因為這個餐廳的名字實在不討人喜歡——「El Gecko Restaurant（壁虎餐廳）」。

這一路我都在為東南亞雨季裡氾濫的壁虎殫精竭慮，餐廳的服務生除了注意客人的招呼，還得時刻監控牆上壁虎的動向，避免牠們影響我這類膽小之人的用餐。可當格雷厄姆和十歲的兒子奧利佛（Oliver）終於從木屋裡鑽出來時，我發現他們的紅T恤背上都赫然印著一隻圓頭圓腦的壁虎。

從瑯勃拉邦徒步去官溪瀑布途中經過的村莊。儘管五六歲的年紀就要在田間勞作，女孩依然對我們露出了燦爛的笑容。

「我喜歡牠們的叫聲、模樣，很可愛不是嗎？東南亞這一帶到處都是，牠們幾乎成了這裡的象徵。」卡洛林說這話時的喜歡之情，簡直像在議論自己的寵物。

「我們在南康河裡舉行過一次划船比賽，每個參賽者都穿著背上印有壁虎的T恤。他們在使力的時候自發地齊喊『Gecko！Gecko！』，整條河上空都是『Gecko』的叫聲，我們餐廳因此出了名。」

長滿雀斑、壯實的小男孩騎著山地車在空地上轉圈，旁邊的大黑狗「Tika」吠起來，卡洛林請求牠們安靜。

「那次我們划到了最後一名。不過這沒什麼。我想每次比賽只有一個第一名和一個最後一名，其餘人都只是中間的。我們很高興成了唯一的。」她笑聲爽朗。

水邊的楊柳，必定向有水的地方延伸它的根鬚。

這話似乎是說，每個人最後都必定會成為自己。任何成長的框架都無法為不自然的本性造型。人們在掙脫束縛、尋找水源的過程中重塑著自己的生活，包括尋找新的棲居地。

瑯勃拉邦附近村莊裡老太太向偶爾徒步穿越經過的遊客售賣手工藝品。

　　卡洛林和格雷厄姆要求的顯然不是別墅的一個後花園。

　　來到寮國之前，他們曾在泰國北部的村莊住了一段時間。家庭旅館的主人不會說英語，每天帶他們去野外釣魚、撿野果、四處溜達。當時奧利佛還留在西班牙讀書，錯過了父母享受的那段時光。之後卡洛林決定了，要讓孩子接受另一種教育。

　　現在她自己教奧利佛英語、數學、物理、澳大利亞史和英國史。同時奧利佛和十五個當地孩子集中在一起學習法語。等他再大點，夫婦倆打算把他送到泰國清邁讀書。

　　但至少目前，奧利佛還是天底下最無憂無慮的小男孩。如果哪天他想去山林裡玩，卡洛林就會說：「好，那咱們就蹺課去看瀑布吧。」

　　當南康河度假村盡力維繫著最真實、最原始的寮國風貌時，幾分鐘路程之外的瑯勃拉邦卻在紋絲不動的面貌下悄然改變。

　　遊客們總是感激：「瑯勃拉邦依舊是純淨之地，依舊沒有騙子。」人們為每天清晨透迤於街道的那縷亮橙色袈裟感動，信徒們跪在路邊布施，僧侶們又把自己缽中的米飯分給貧窮的孩子。每天深夜十一點半，瑯勃拉邦便一片沉寂，當地人早已入夢。還有哪個城市會如此珍惜夜色？

　　也許只有德瑞克和比他更早在此定居的人們才能說出瑯勃拉邦的變化。機場、網際網路和定居的外來者，把外界的事物捎入瑯勃拉邦：「Green Day」樂隊、「Northland」背包、MSN、《曼谷郵報》、諾基亞、《達文西密碼》……它一度是寮國最窮的城市，在一九八九年開放

旅遊業後,遊客們的口碑使其聲名遠揚。一九九三年成為世界文化遺產後,瑯勃拉邦的主街成了全國最時尚的地點。

「Yannick」在法國的時候,舅舅打電話給他:「你的祖母去世了,在瑯勃拉邦空出一間房子。現在祖國開放了,你要回來嗎?」

「Yannick」和法國朋友「Gilles」目前在瑯勃拉邦經營著三家不同檔次的餐廳和一家花店、一個園圃。他們那輛炫目的奶油色賓士老爺車整天停在「Les 3 Nagas」餐廳門口,像是一個電影道具。

「3 Elephants」餐廳的老闆「Rose」每次回澳大利亞的感覺是「生活不再繼續了」——她聽不到孩子們的喊叫,不能站在家門口和鄰舍閒扯,也見不到寮國人隨時隨地的笑臉——於是她在老家待不住幾天就會匆匆趕回來。

在官溪瀑布玩跳水的美國遊客。

當地人把房子租或賣給這些熱愛在此生活的外國人，自己遷居郊外。德瑞克常常在咋呼房租飛漲後，慶幸自己簽了十年的合同。而那些想在此定居的遲到者，要不對房價望而卻步，要不難覓理想之所。

　　每個人都明白這一點：五年後，廟宇和法式小樓還在，但你將看不到當地人的生活。瑯勃拉邦的大街上除了僧侶，可能只剩下兩類人——經過的遊客和定居的遊客。

　　還有另一些改變……

街頭一輛鏽跡斑斑的老式汽車讓街道更帶有法國殖民風情。

德瑞克曾讚美「叢林中的花朵」：「她們安靜、可愛、溫柔、單純，關心家庭。我喜歡她們黑色的長髮和嬌小的身材。在加拿大，女人可沒那麼容易相處，我的姐妹們像男人一樣穿著長褲，走路風風火火，說話大吵大嚷。她們為了得到一份工作會立刻把頭髮剪掉。」

現在夜市上的女孩們抹著亮晶晶的唇彩，打扮得純美乖巧，坐在燈泡下兜售工藝品，可遊客們的審美終究有點兒置身事外，浪漫的邂逅已經鮮有發生。如今，還有誰會津津樂道馬汀（Martin）父母的愛情？

二十六歲完成學業後，斯韋恩（Svein）和同伴從挪威出發，在美國和澳大利亞各待了一個月，隨後動身前往東南亞。他們的計畫是這樣的：花六個月的時間先後走完泰國、柬埔寨、新加坡、馬來西亞、寮國、緬甸六國，轉機回到挪威。

本來斯韋恩會和他的同伴們一樣，早在三年前就已經走完全程，回到家鄉工作、結婚，過起北歐人平淡、富足而篤定的生活。這次為期八個月的旅行連帶途中的驚喜、邂逅、記憶，也將被時間抹淡，被他們按部就班的生活覆蓋。

可是斯韋恩在瑯勃拉邦停了下來。當他的同伴繼續前往緬甸時，他沒有同行。那一年，瑯勃拉邦有的大部分還是寮國菜餐廳。斯韋恩至今受不了寮國菜中的辣，他自嘲道：「那段時間我正好大大地減了肥。」但他卻愛上了做這些菜的廚師，一名寮國女孩。

「我每天晚上都會去餐廳找她，直到簽證過期，才不得不回挪威。當時我們就坐在這個位置聊天。認識她，改變了我的生活。」

一年後，斯韋恩放棄在挪威的一切，回到了瑯勃拉邦。

昏暗的「Martin's Pub」的牆上貼著馬汀的成長相片，這個小混血兒正摟著公仔躺在席子上睡午覺。父母站在吧台旁，仰起脖子看著牆上電視機裡的新聞，酒吧中間的吊扇慢騰騰轉著。當激情退去後，斯韋恩滿足於像當地人一樣置身其中的生活。

Svein和他的混血寶寶。

　　他買下了妻子曾工作過的寮國餐廳，裝修成今天的「Martin's Pub」。酒吧內只有幾張深色長條桌椅，晚上燈光打亮後掩蓋了簡陋。過了旅遊旺季，生意便很清淡，斯韋恩印刷了傳單四處派送。傳單背面是每晚放映的電影節目單，我們到的周六放的是《藝伎回憶錄》。憑此傳單還可以到「Martin's Pub」免費喝一杯「whisky shooter」。

　　斯韋恩的長相始終不像精明的生意人。他的白皮膚長期暴露在瑯勃拉邦炙熱的陽光下，高鼻樑上留下了明顯的紅印，淺灰色的眼睛裡依舊留有北歐氣質的冷靜和憂鬱。坐他腿上、尚未從瞌睡中清醒的小男孩遺傳了父親金棕色的頭髮和睫毛，卻不知長大後能否接受父親為他選擇的成長地和歸隱山水的生活方式。

斯韋恩不無擔心：兩歲的馬汀有時候說英語，有時候說挪威語和寮國語，但受周圍人影響，他的寮國語顯然說得最順口。「孩子必須接受好的教育，所以我們最後也許不得不離開這裡。但到底去哪兒沒有想好，還有幾年可以考慮。」

斯韋恩曾說過，在瑯勃拉邦你可以做許多事，但最合適的莫過於在街上散步。

在另一個霞光漫天的傍晚，我們撞見他穿著人字拖、寬褲管短褲，抱著馬汀在街上慢慢晃悠。小馬汀抓住耳朵，像地道的寮國孩子那樣對我們露出羞怯的笑容。而那些同樣打扮的遊客們，腳步極快，紛紛超過了斯韋恩和馬汀。

如果你問安德魯（Andrew）：「你殺過人嗎？」他肯定會這麼回答：「不太多。」

我們在金邊「Billabong」酒店泳池邊的餐廳吃晚飯，安德魯穿著運動短褲、短衫跑了進來。他向我們嚷嚷：「稍等一下，我的游泳時間到了。」不一會兒，光線幽綠的露天泳池裡響起了嘩嘩水聲。下午安德魯剛打完一場橄欖球比賽，他參與創辦的柬埔寨橄欖球聯盟（Cambodian Federation of Rugby）十月份將在金邊舉辦一年一度的吳哥橄欖球錦標賽，已經辦到了第十屆。

十七年來安德魯只回過紐西蘭四次。如果埃爾熱願意寫一部《安德魯歷險記》，相信也一定暢銷。

他十七歲在紐西蘭參加海軍，二十歲去了澳大利亞。他一直隨遇而安。一九八八年因為一張廉價機票，他去廈門轉了一圈，著迷中國功夫的他還特意去了趟武當山。他曾在臺灣住過半年，坐火車從亞洲一路來到莫斯科，再從俄羅斯去了西歐。

他從英國來到法國，在那裡成了一名外籍雇傭軍。他跟隨部隊在圭亞那、蘇利南、加彭等南美和非洲國家執行任務，退役後又開始周遊東南亞。

slow walker,but never stop

他來到柬埔寨最初的一年裡，每天只做一件事——「喝酒」。他喜歡這個地方，「生活成本低、熱鬧、炎熱」。在他眼裡，世界上東南亞人生活得最開心，容易滿足，喜歡微笑。

　　他在柬埔寨幹過各種營生：在村莊開辦教英語的小學校，買下一個農場養豬、種樹苗，組織柬埔寨的橄欖球和滑水運動，發展體育用品生意，也包括這家「Billabong」酒店。

　　本來這是一棟兩層樓的排雷兵宿舍，安德魯把它改造成小酒店，花園裡碧藍的小泳池精緻漂亮，房間被一片民舍包圍，孩子的哭聲、雞啼犬吠都隱約可聞。

　　我們到酒店的晚上經過金邊廣場，男男女女如潮水般聚集在一個露天舞臺下，二十世紀八〇年代明星打扮的柬埔寨歌手們在臺上蹦蹦跳跳，高功率的喇叭把柬埔寨流行樂傳送很遠。女孩坐在男友摩托車的後座，快活地吹著燥熱的晚風。

　　而在附近洞里薩河畔的小酒館裡，各國旅行者懶洋洋地聽著爵士樂，喝著冰啤，挽著當地情人的纖手。

　　不同人的軌跡，在同一座城市中穿行，看似無關，卻偶爾相交。

金邊博物館和金邊皇宮。

一場沒有血緣關係的親情使得「Navel」夫婦之於柬埔寨不再只是過客，更何況他們正在女孩的家鄉把她撫養成人。這個幸運兒有著和街頭兜售盜版書的孩子同樣的膚色與輪廓，但顯然已被寵出了幾分小姐脾氣。她穿著卡通汗衫，嚼著口香糖，在店內大步流星，誰也不搭理。

無論是在法國或美國、幾內亞或古巴，「Jean-Yves Navel」與妻子一直在和鋼、鏡子、石頭和木頭打交道。在加勒比海邊的小島上，他們花七年時間為建築師們設計家具；在泰國北部的農村，他們自己蓋建泰式傳統房屋。不同的地點賦予這些乏味的材料嶄新的風情。

雖然「Navel」已把「大象的秘密」客棧（Secrets of Elephants Inn）轉手給一對瑞士夫婦，但他搜集的大象雕塑、佛像、油紙傘、錦緞、版畫、浮雕、奇石仍舊散落各處，使客棧頗具生氣，像一個民間工藝收藏館。

在各式酒店雲集的暹粒（Siem Reap），「大象的秘密」多年來一直被追求隨意個性的西方客人喜愛。它是蘭花簇擁的一棟古樸木樓，純粹的高棉風格，四壁鋪著涼爽藤席，赤足輕踏樓板都會吱嘎作響。榻榻米旁的書架上有幾十冊英、法文書籍。

「Navel」把他目前所有的精力都投入「Carnets D'asie」中，比起早年的作品它更為大氣和簡潔。英法文書籍的書店、攝影展覽館、精品店和供應法國及高棉皇家菜的餐廳集中在同一屋簷下。掛在牆的大摺扇扇面上，還有三個碩大的中國毛筆字：書呆子。

「當我看到吳哥窟，瞭解十二世紀以及更早的文明，我就明白自己為什麼在這裡。」去年十月「Navel」和兩位美國攝影師成功舉辦了首屆吳哥攝影節，同時扶植柬埔寨藝術家，希望年輕人能意識到，藝術亦可以改變他們的命運。

　　談話間走進來一位瘦高的法國女人，板寸頭、長脖子、黑大褂，是精品店的主人。她從自己定居的大地中汲取靈感，設計了店內每一件首飾、衣服和家居用品。我買下一個黑色柬埔寨絲綢包裹的方形相框，本來平實無華，卻因角上紅色亮珠片串綴的花朵而灼灼生輝。這些設計品幾乎都遵循著同樣的規則——返璞歸真，卻留有藝術家們不願疏漏的代表吳哥往昔的華麗。

　　從雲南麗江到越南西貢，從柬埔寨暹粒到寮國瑯勃拉邦，背井離鄉
者們拋棄約定俗成的幸福，始終徘徊在命運之中、生活之外。他們把異
土風情作為生活的布景，不知不覺間自己也成為他人生活的布景，直
至，難捨難分。在瑯勃拉邦遇見的紐西蘭女孩「Joyce」，如一個孤獨
的遁世者，多年來一直獨自在東南亞居住。她不喜歡被拍照。

　　臨走我問她一個問過許多人的問題：「有天妳會離開這裡嗎？」

　　「也許有那麼一天。」「Joyce」的回答代表了多數人的答案，「不
過此刻，我很懶。」

暹粒街頭，貧窮兒童和富人的生活形成對比。

在吳哥窟內遇到的信徒們。

I am still searching but never stop

在瑯勃拉邦山頂上遇到的和尚們。

寺廟內的金箔壁畫。

瑯勃拉邦著名的香通寺。

牆上的生命之樹也被複製在了清邁的文華東方酒店的牆壁上。

從瑯勃拉邦徒步去官溪瀑布途中經過的村莊。儘管五六歲的年紀就要在
田間勞作，女孩依然對我們露出了燦爛的笑容。

在官溪瀑布玩跳水的美國遊客。

瑯勃拉邦附近村莊裡老太太向偶爾徒步穿越經過的遊客售賣手工藝品。

街頭一輛鏽跡斑斑的老式汽車讓街道更帶有法國殖民風情。

金邊的劇團正在演出皮影畫。

金邊博物館和金邊皇宮。

暹粒街頭，貧窮兒童和富人的生活形成對比。

在吳哥窟內遇到的信徒們。

-- ✈

▶ Chapter 13 ◀

〔清邁〕
Chiang Mai

與一個地方
相交的方式

（此篇photo by 莊方）

他總是抹了唇膏、擦了胭脂上擂臺，
即便遭到觀眾的謾罵和嘲諷，
依舊我行我素，並最終打敗所有對手。
一九九九年，龍唐把拳擊所得的全部收入用於變性手術，
離開拳壇，過起了小女人的生活。
暴力和溫柔有時候竟也能狹路相逢。

　　我們可以用千萬種方式與一個地點糾纏，當然，這是建立在生命足
夠長的基礎上；如果情境合適，即便只是廊前的大太陽，也可以讓你感
動，這是建立在尚未離開的基礎上。可什麼樣的旅行紀念最為牢靠呢？

　　記憶、紀念品，運氣好，或許有戀情和友誼──但這些，哪有學一
門技藝來得更長久？這不單單是實用主義者的思維，對於機會並不算多
的人生，我相信只有從不會隨路途、時間、經歷而瀰漫消散的，才是最
珍貴的。

　　那天下午，清邁的城郊沒有風，「Lanna Muay Thai」拳擊營地四周
停滯著汗酸味和熱辣辣的空氣。在占據整面牆的大鏡子裡，來自世界各
地的學員正在最大音量的搖滾樂聲中跳繩。在他們休息的間際，我找一
個穿紅色背心的紐西蘭男孩聊天，得知他回國一年後丟掉教師的工作又
跑來學拳，已經是第三次。「你為什麼要來學這個呢？」他笑而不語，
似乎這是一個難以回答的提問。「為了回去殺人。」倒是旁邊一個肱二
頭肌發達的加拿大人替他回答。

　　←　一個白人拳擊手正在和陪練者練拳擊。

在素可泰皇朝時期的戰爭中，泰拳用於赤手空拳地消滅鄰國敵人；「二戰」以後，無招、無式、無套路的泰拳和拳擊融合了，演變成為世界上最殘暴的格鬥項目。當它面對世界上的一類人時，該貼上膽小勿視的警示牌；而對於另一類，卻彷彿有著誘人的血腥味。如果不是時間太長、太艱苦，我也願意捎幾招泰拳回去，為了自己可憐的安全感。

　　這時，「Pom」走了出來。年近半百的她在腦後紮個馬尾，穿著高腰牛仔褲和襯衫，像一個不修邊幅的女牛仔。他們稱呼她為「媽媽」，她為所有人安排賽程、訓練拳擊、治療傷口、訂機票和做飯。

　　「八年前有個人妖拳王你知道嗎？他最早就在我們這兒。他們都是我從村子裡找來的，不過那麼點大……」她用手勢比出七、八歲孩子的個子。

　　是的，她說的是十二歲就成為職業拳手的龍唐。他總是抹了唇膏、擦了胭脂上擂臺，即便遭到觀眾的謾罵和嘲諷，依舊我行我素，並最終打敗所有對手。一九九九年，龍唐把拳擊所得的全部收入用於變性手術，離開拳壇，過起了小女人的生活。暴力和溫柔有時候竟也能狹路相逢。多年後，這個真實的故事成就了一部泰國國產電影《美麗拳王》。

　　年復一年，「Pom」走入泰國偏遠的村莊，帶走窮人家的孩子，讓「兒子」們在疼痛中成為一名職業拳手。在她發現龍唐的時候，她的腰肢可能更纖細一些，臉龐更豐腴一些。她嫁給了一名西方人，在此後或

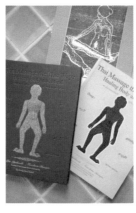

之前，這個破舊的大棚內聚集了心甘情願的外國人。「Pom」又開始用生硬的英語招呼一群膚色、體形、信仰各異的「兒子」們。

鏡子上方掛著一排相片，上面幾乎是同一名泰國拳手。一張黑白照如同電影海報，他披掛金腰帶，袒露的肌肉和堅毅的臉部線條一半沉於恰到好處的陰影中，眼神和嘴角透出的犀利如同一隻陰鬱的嗜血動物。

而現實中的、我眼前的「Kam」，只是一個二十七歲的大男孩，穿著髒乎乎的白色T恤、廉價塑膠拖鞋，戴著助聽器（我猜那只耳朵應該是毀於一次比賽）。他想說什麼，卻舌頭打結，於是笑了起來，顯得過分的樂觀和心思單純。「Kam」拿過好幾次拳王稱號，現在是營地的教練。他似乎挺高興我們的到來，從屋內抱出一塊綠色皮革的沉甸甸的金腰帶，示意我可以掛在肩膀上拍照留念。

別以為一所拳擊學校，就應該與死亡、絕望為鄰，充斥了自暴自棄和放縱的年輕人，以拆散自己的身體為樂。這裡有最勤奮刻苦的學生，不像廚師學校裡滿是咋咋呼呼的享樂者，因為誰都期待勝出。至於動機……請別在行動的時候，愚蠢地分析自己的欲望。

在鏡子裡，這裡唯一的女孩「Sylvie」，正面無表情、大汗淋漓地跳繩。

我以為她會很冷酷，可事實上她的笑容十分靦腆。和其他人的經歷相似，她認識泰拳只是源於一次旅行，她留下來學了一段時間，回到加拿大後，辭掉了會計師的工作，又來了。她先去了曼谷的一個營地，可不喜歡那裡，覺得那裡過於嘈雜，干擾很大，於是又去了泰國東部的烏汶。後來她聽說「Lanna Muay Thai」有更好的教練，便來了清邁。她喜歡這裡，一住便是三年。

「學泰拳的女孩多嗎？」「不太多，這裡還有兩個女孩，是來鍛鍊形體的，打對抗賽的只有我一個。」她的眼睛是淺灰色的，看人的時候很認真。

「Sylvie」個子嬌小，打的是四十五至四十六公斤級的比賽，參加過十四場，贏了十一場。「比賽危險嗎？」「不危險，」她笑起來，「妳可以把手舉起來保護自己。」「妳受過傷嗎？」「只受過一點小傷。」她全然不在乎地聳了聳肩。

　　只是告別前的最後一句，難掩失落：「再打一兩年我就要到三十歲了，妳知道這不再是一個適合比賽的年齡，我不得不考慮將來，比如回到加拿大找份工作，開始正常的生活。」對於某種斷裂的人生，像龍唐那樣，誰可以分清楚真實的是前半部，還是後半部？

　　而這時候「Alex」湊了上來，他的左眼球內充了血，是一個星期前對抗賽時負的傷。這個保持了寒帶膚色的俄羅斯人，曾做過北京友誼飯店的國際菜廚師，因為身邊的人大多不會說英語，生活無聊，他跑了，一路尋著刺激，來到清邁的「Lanna Muay Thai」。「是的，這裡，可比友誼飯店的廚房有意思。」

　　我回到自己的城市幾個月後，收到「Alex」的電子信件。他說他正在馬來西亞嘗試搭乘（hitch-hiking）活動，這意味著身上不帶一分錢，不坐大巴和火車，只靠攔下馬路上的汽車前進。他描述它「自由、刺激、危險，但很酷」。這些形容詞也恰適合他已離開的泰拳學校。「妳呢？」末了，他問我，「還是在乏味的城市中每天工作、工作、工作……嗎？」

　　「妳得使點力！」「Pitak」站在灶台後，用石槌把一堆原料捶成黃咖喱，「知道過去泰國女孩是怎麼嫁出去的嗎？每當有男人從家門口經過時，她們就拚命捶打。男人會娶發出聲音最大的那一個，因為他相信她是最勤快的。」

　　可我們的門外沒有心儀的人，只有青山、綠樹、湖泊以及隨時待命的服務生。但誰知道這一門名為「泰國咖喱的奧秘」的課程，在將來會取悅到誰的胃呢？

椰奶咖喱烤鴨、椰奶綠咖喱蝦、清邁咖喱名麵、泰北乾辣咖喱豬肉和醃大蒜，這下紅黃白綠咖喱齊全了。「Pitak」首先向我們演示咖喱是怎麼製作的，他一邊不假思索地做著手上動作，一邊跑題，抱怨每次去曼谷探望女兒時必須忍受的嘈雜。

　　清邁的廚師學校的數量快趕上寺廟，學廚和騎大象一樣幾乎成為來此地必參加的項目。參加廚師學校，當然不是為了成為廚師。對我而言，即使只能在恰當的時機指出湯勺裡的那一片是酸橙葉，或齒間的幽香來自羅勒，也會很有成就感。

　　絕大部分廚師學校把廚房安置在偏僻的郊外，我們所在的四季酒店本身就遠離喧囂，廚師學校居於更為靜謐的一角。我的猜測是：比起真正學會一道菜來，享受旅行始終是學員們的頭號目的，美食總需美景伴。

　　我們的同學是一對美國新婚夫婦。早上當我們隨著「Yena」從菜場回來時，他們正悠閒地坐在廚房門口喝咖啡。我抱怨起床太早、很困倦，他們得意地笑起來：「這就是我們放棄去集市的原因。」我可不想打擊他們，他們錯過了多麼有意思的一次行程。

　　天色濛濛亮時，「Yena」帶我們去市區逛菜場。她優雅地挽著竹籃，走過大大小小的攤位，和老闆們親切地招呼。在一個城市，集市是不會撒謊的，那裡總有一些奇形怪狀的魚、水果，有你在酒店遇不見的當地人、聽不到的聲音，以及複雜的氣味。我甚至嫌棄「Yena」挑選的這個集市過於整潔、文明、有秩序了，買菜和賣菜的人簡直像是演員。但幸好，空氣中漂浮的氣味十分真實，與清邁的高溫糾纏，令胃激動。

東南亞的香料五花八門，光是薑黃根、高良薑和普通薑就使我不知所措。為了向我們解釋清楚，「Yena」會隨手摘下幾片葉子，掰下一小片，讓我們聞一下，嚐一下。走過肉類區，迎面走來一排化緣的小和尚，他們默默地走到一個攤位前站立不動，攤主慷慨地在每人的鉢中放入錢幣、水果或糕點。和尚來到一個攤位前，通常被認為是主人的福分，總不會一無所獲。「Yena」問我們想參與嗎，她買下大把彩色的新式糕點，讓我和同伴「莊」分給小和尚。鉢已經滿得快蓋不上啦，小和尚們神情嚴肅，開始為我們唱經。我們和其他布施者一起，或跪或蹲，接受祈福。

　　今天「Pitak」做的第一道菜是清邁名麵，我在菜場的熟食區也見到攤子在賣，那大捧大捧的雞蛋麵被炸得金黃發亮。「Pitak」把炸好的麵擱置一邊，接著半勺椰奶、紅咖喱醬、「Huang Lay」咖喱粉、黃咖喱粉被倒入鍋中，摻在一起煮至沸騰，加入魚露、糖、攪拌，再倒入雞塊和雞湯直到煮熟。再把這碗色香味俱全的澆頭淋在雞蛋麵上，就大功告成。

　　「Pitak」演示完，我們四人來到各自的灶台前，開始重複他的步驟。第一次獨立控制灶台，我有點緊張，當火點起來後，手忙腳亂地把配料往油鍋裡倒。回頭看那對美國夫婦，早已完成的丈夫在幫助妻子。好吧，也許這世界上有些人天生是廚師，而有些人則天生是美食家。

　　我們四人坐成一排，戴上餐巾，品嚐各自的麵。味道不賴，脆脆糯糯。接著「Pitak」向我們演示另外三道菜，我們學成後要保留它們做午餐。

　　事實上，它們有點兒複雜，但並無難度，因為服務生已經為每個人按精確比例調好了配料，我們只需要對照著流程單，依葫蘆畫瓢。儘管莊和我的手勢、儀態天上地下，但我可以保證菜的味道是一模一樣的。

　　中午，服務生已在涼亭裡擺設好餐桌，上面放著白米飯、飲料和我親手完成的四盆咖喱佳餚。可菜的分量有點大，我們撐大的胃終究沒能

全部裝下，我甚至希望能把它們打包回家炫耀一番。「Pitak」安慰我們：「自廚師學校成立以來，從沒有人能把它們吃完過。」

之後，我們在院子裡學蔬菜雕刻。首先雕刻辣椒花，沿著邊緣切出細絲，據說把它浸入冰水中蓋起來，兩個小時後會像花朵一樣綻放。

在等待的時間裡，我們繼續跟隨「Pitak」雕刻胡蘿蔔，把它切出葉子的形狀，再摳出圓點。第三個項目是蔥花，用刀背抵著蔥葉的反面，用力一拉扯，它就會像頭髮一樣捲起來。但它在我手中，不是因為用力太大而斷掉，就是因為用力太小而捲不起來，我始終把握不好速度和力度，而那位丈夫，已經浪費了一堆蔥。

到揭曉答案的時刻了，我們掀開各自冰桶的蓋子。我的那一朵除了微微地伸展開外，並沒有綻放，我很失望。那對還在蜜月期的新婚夫婦的辣椒花，也沒有多大起色。「Pitak」分析道，我們割的線條太粗了，不夠靠近邊緣。接著，莊的花從桶中被取出，三朵冰涼的紅辣椒真正地、神奇地如花朵般綻放開來了！就像一個魔術。我更願意相信，這也是清邁給我們的禮物之一。………… ✈

▶ Chapter 14 ◀

〔印度〕
India
／
恆河水吟誦的
摩登東方

由於行程持續得太久、太遠，
以至於走在四十年後的螞蟻們已經忘記了自己究竟要去哪兒、去幹什麼，
甚至忘了自己是一隻螞蟻！但「東方」卻實實在在地生長在這片次大陸上，
並在今天顯得更為神秘、崇高和滄桑。

　　一九六八年冬季的一天，在喬治的二十四歲生日聚會上，留長髮和絡腮鬍的約翰、保羅及其他同伴用怪怪的曲調為他唱起了「祝你生日快樂」，恆河邊燃起了瑪赫西（Maharishi）古魯帶來的焰火。這裡是可躲避閃光燈的秘境瑞詩凱詩（Rishikesh），期待擺脫大麻和酒精的披頭四樂隊在此度過了一段難忘時光。起初，他們的確戰勝了自己，終於能夠坐在月光下充滿柔情地抒寫彈唱。

　　「我在尋覓一個謎底/我知道我永遠不會在這裡找到/它將出現在我的意識深淵。」這首歌的歌名叫《印度》。

　　約翰・藍儂的唱詞幾乎成了讖語，潛心冥想沒能改變他的自身命運及政治走向，東方也沒能給西方答案。但七千萬披頭族倒因此對偶像們的聖地蠢蠢欲動起來了。

　　他們中的一些人循著《白色專輯》中西塔琴的琴聲動身去印度，同時帶上的還有定語繁冗的艾倫・金斯堡（Allen Ginsberg）的長句：「天使般頭腦的嬉皮們渴望在機械般的黑夜中同星光閃爍般的發電機發生古老的神聖聯繫。」在這次長途旅行中，「發電機」意味著東方的一切。

　　他站在「Madhuban Ashram」前的烈日下，四肢因常年食素而過於纖細，金黃色頭髮和淡粉色僧袍外的雪白皮膚顯得如此柔弱。我一向他開口說話，他立刻像一隻受驚的白兔跳到了院子的另一端，並用手捂起眼睛。「對不起，對不起，我不能看見女性，也不能和女性說話。」他低頭合掌，轉身逃進了宿舍，留下錯愕的我們。

毋庸置疑，我們已經來到印度北部的瑞詩凱詩。恆河把這座僻靜小鎮一分為二，山上吹落清新空氣，密密麻麻的印度教寺廟、靜修院（Ashram，後也指嬉皮集中村）和瑜伽中心分布在兩岸。

　　第二天一早，我們搬進了「Madhuban Ashram」的附屬旅館，儘管它只有一部嬉皮時代的拉柵電梯，且每天總要停三、四次電。我是衝著前晚結識的高僧而來，但他卻不肯告訴我們他的名字。「我沒有名字。」「可每個人都有名字。」他拿過我的本子，寫起來。

　　我滿心歡喜，可接過一看：神的僕人。

　　「不，不，我請教的是您的名字。」

　　他無奈，重寫。這次拼寫變成了：智者的僕人。

　　「我究竟該怎麼稱呼您？」

　　他最後一次把本子還給我時，上面的字跡是：您的僕人。

　　他尖削的下巴上新長出白色鬍碴，睿智的眼珠子裡閃爍著狡黠的光斑，雙手疊加在灰色長袍前衝著我笑。我們的對話常常陷入困境，誰叫我是來自功利社會的記者，一心追尋答案呢？而他們則對《吠陀經》《奧義書》以外的答案毫不在乎。

　　之後，我又請教他光溜溜的後腦勺上那一小撮鬢髮是什麼。

　　「這是天線！」看我一臉迷茫，他解釋道，「收音機可都是有天線來接收信號的哦，這是我們的天線，接收神的信號。」

　　幾天以後我才從他大女兒「Shyama」處知道自己又被戲弄。男性留小撮頭髮（Choti）是為了死後神能抓住它，把自己撈進極樂世界。

　　每當有客人經過河對岸的「Choti wala's」素食餐廳，便有店員搖鈴吆喝吸引注意，一個臉上抹白粉、畫花紋的裸體巨型胖子坐在高椅上，瞪著路人。這正是半世紀前店主人的模樣。「Choti」模樣兇惡卻是個好人，這一點顯而易見——他的後腦勺上也豎著一根硬邦邦的「Choti」。

瑞詩凱詩的「Choti wala's」素食餐廳門口坐著的招攬客戶的人，眼神十分駭人，
據說他是創始人本來的模樣，他的腦後也有一根辮子。

　　我們每天都會坐渡船往返幾次，便也習慣了印度人的淘氣。他們上船後喜歡坐在兩舷，等行至河中央時毫無意外地撈起乳黃色河水往他人身上潑。每條船上都會有一名男性船客自發帶頭喊口號，眾人呼應。

　　那天我是想去對岸的「Parmartha Niketan Ashram」諮詢瑜伽課，一個圓圓的男人接待了我們。短期瑜伽課設置為兩周至一個月。「要學多久才能上境界呢？」他驕傲地回答：「一輩子。」和他聊起披頭四，他又輕描淡寫：「是的，他們來過，為了冥想和瑜伽。」末了加一句，「但我不是他們的粉絲。」

I am a slow walker, but never stop

我想我們可能更適合施化難陀修道所（Sivananda Ashram）每天下午免費的女士專場。

　　那會兒，各種膚色的女孩在一間有河風穿堂過的教室裡，由尼姑喊口令，做同一套並不簡單的動作。班上一個不修邊幅卻頗有風情的黑皮膚姑娘一直吸引著我的注意。

　　下課後我找到她。「我以為妳是印度人。」「每個人都這麼說。」古巴和西班牙混血的墨西哥籍女孩「Mangala」笑起來，那天她隨意穿了一條黑色免襠褲，褲腿上破了個小洞。「瑜伽在墨西哥不是太流行，但我很清楚它是有效果的。」離開這裡後，她會再去法國學習高級課程。祝賀她，已從一名平面設計師轉型為墨西哥瑜伽教練。

↓　在渡輪上遇見的印度美女。

←　儘管嬉皮時代已經過去，依然有許多年輕人打扮得如同嬉皮，來這裡尋找自由和真理。

I am a slow walker, but never stop

每年的七至九月，瑞詩凱詩的瑜伽教練們會奔赴世界的各大城市：上海、紐約、巴黎或者莫斯科……而虔誠的醫生、初級教練、愛好者則會不遠千里來此取經。不消說，這門傳說中濕婆神教給妻子的放鬆技能正在全球風行，它剝離了最初宗教修煉的功用，被包裝為健康的通道。人們在這場東方古文化的「時尚化」中各取所需，也成全了如瑪赫西（Maharishi Mahesh Yogi）投機富豪。

瑜伽存在的最初目的是讓宗教人士靜心冥想，減肥塑形似乎只是其西方化過程中嘩眾取寵的產物。「Bhanu」告訴我他所接受的教育中的瑜伽：「yoga這詞本是yog，在印地語中是union的意思。世界上有一百多種瑜伽，它們可以幫助你的個人意識與最高意識（梵）合一，彷彿一滴水珠匯入海洋。」

「Bhanu」談吐淡定，似乎這世界上沒什麼悲喜能叫他亂了陣腳。而他的形象正好具化了我對瑜伽的想像：白衣飄飄、身材精瘦、氣質謙和內斂。在練習瑜伽之前，他取得了哲學碩士學位。

現年三十五歲的「Bhanu」在以自然主義療法聞名的「Parmarth」自然治療和瑜伽中心工作。而那裡的「Muthu」醫生正以一副高高在上的姿態接待各地病患。待他空閒下來後，非要熱心地打開書本為我朗誦：自然主義療法是不用任何草藥或西藥，完全靠針灸、瑜伽、冥想、泥巴、冷熱水等方法治療疾病……

我趁機諮詢早上嘴角新出現的泡：「它也能通過自然主義療法治好？」「唔，請別再吃辣了！」這是他唯一能給的忠告。但自從離開德里後，我們就再沒有吃到葷腥，辣是唯一能保持胃口的東西。

這讓我想起一位來自美國俄亥俄州的朋友，在印度之行後他成了食素禁欲的和尚，但同時他又堅持只要有適當的時機，嬉皮這個群體會重返歷史舞臺。我在出發前，問起嬉皮與和尚的身份如何共處，他情緒激動地衝著電話喊：「嬉皮們後期變壞了，他們吸毒、酗酒、濫交！而我

是一個乾淨的嬉皮！」

眼下，我看見一個裹黑色頭紗的金髮女孩，從剛買的水果袋子裡摘下荔枝餵一頭不肯走的牛。「我是來學西塔琴的，」她身邊那位面色蒼白的以色列男孩說，「但還彈不成曲調。」而她則笑：「我只是來玩的。」

「Eva」是名加拿大廚師，在這裡嚐了不少香料和饢，但更重要的是，她在果阿試了一種叫賈拉斯的迷幻藥物。我立刻感覺熱血沸騰：「妳覺得自己是嬉皮嗎？」

她支吾起來：「我不知道……我在路上遇到過在印度混了一兩年的西方人，看起來真的很像。有人說，嬉皮應該留長髮，有人認為應該穿紮染衣服，可就本質來說，什麼樣的人才算是呢？如今還有誰知道？」

同一個下午，我們又遇見坐在一個涼棚下乘涼的兩男兩女，他們分別來自愛爾蘭、西班牙、日本和舊金山。「河這裡比對岸安靜，因為四輪車開不過鐵索橋。」西班牙姑娘說。日本女孩則一直在埋頭做針線活。

起初，高溫下的大家百無聊賴，但幾秒鐘後，他們顯然被我愚蠢的「嬉皮」問題逗樂了，互相指著對方哈哈大笑：他是！她才是！最後他們推選出了舊金山胖子。他紮辮子，穿藍印花襯衫，膚色接近黑人。

　　「你的形象差不離了。」我說。但他堅決否認：「我的家鄉舊金山倒是嬉皮發源地，現在還有四萬人的嬉皮組織呢，但我可不是。」

　　我尚不能確定二十世紀六○年代的那次嬉皮東方之旅持續了多長時間。我想像這是一支極為漫長的螞蟻縱隊，由於行程持續得太久、太遠，以至於走在四十年後的螞蟻們已經忘記了自己究竟要去哪兒、去幹什麼，甚至忘了自己是一隻螞蟻！

但「東方」卻實實在在地生長在這片次大陸上，並顯得更為神秘、崇高和滄桑。清晨，人們對著毗濕奴畫像吟唱，黃昏對著美麗的恆河吟唱，美妙旋律時時縈繞耳畔。我像得了真理飢渴症似的希望飲恆河水的居民不時能施捨我幾句警句，從而使我洗去塵土，重獲新生。

　　施化難陀修道所高高的臺階，我走進光線昏暗的藍色房間，四周牆壁上掛滿了尤迦南達、施化難陀等大人物的相片。一位老和尚一邊唱歌，一邊打量我，中間停下來問一句：「妳從哪兒來？」沒等我回答，又唱了起來。在另一間掛滿施化難陀肖像的大廳，我遇見一名獨自坐在牆角讀書的德里女信徒。她說，她一直很想找到一名古魯，因為「他已經走過了這條路，會告訴你接下來該去向何方」。

Deities' Day Dress	-----	Rs.75,000/- Per Set
Deities' Night Dress	-----	Rs.50,000/- Per Set
Akhand Kirtan Sewa	-----	Rs.1,001/- Per Day
(24 Hours Non Stop in your Name)		
Akhand Jyoti Sewa	-----	Rs. 1,551/- Per Month

Note :
1. Any denomination according to ones inclination is accepted.
2. If you are willing to sponsor for major festivals like
   Janmashtami & Jagannath Rathyatra, kindly contact at office.

↑　清晨在寺廟挑選玫瑰花瓣的老太太。
→　街頭隨處可見的苦行僧。

「也許就是這一次。」我鼓勵道。

「也許。我相信，如果妳不停想要一件東西，妳就會得到。比如妳想在九點前完成一項艱巨工作，妳的意識如此強大，便真的實現了。」或許她在借助對我的說教增強自己的信心。

「瑞詩凱詩很平靜，沒有電影院或者其他東西干擾。妳只需要閉上妳的眼睛，停止思考，只念『哞』……請試一下。」她對我說。

我更喜歡的是參加唱詩活動，信徒們依次進入，從地上拾起讚美詩簿，向施化難陀的照片和雕像跪拜。男女盤腿坐於房間兩側，有人彈琴，有人拍鼓。誦經師領唱兩首歌後，話筒四下傳遞。童聲，自彈自唱的女人，合唱的夫妻，自發的和聲，人人都擁有一副好嗓音。令人精神恍惚的歌聲充盈了湛藍色的房間。印度教歌聲的神奇在於：它是那麼耳熟，唱出的彷彿是早已存在於心中的旋律。

離開瑞詩凱詩的那一天，我們參加了「Madhuban Ashram」的六點鐘儀式，祭司是「天線」。在信徒們的歌聲中，幕布打開，他站在臺上，舞動一盆火種。年輕僧人上臺取下火種，眾人用手心撫摸火苗，按在自己的眼睛或額頭上。接著，他手上的法器又變成了手帕、船、聖水、犛牛尾、孔雀羽扇和可以吹響的海螺。中途進來一名裹深色紗麗的女子，虔誠地匍匐在地，當她抬起身子，我才看見她白種人的皮膚。「Shyama」把茉莉分給每位女信徒，一塵不染的白色大理石地板和茉莉的幽香令我無憂無慮。

在寺廟中央的小桌上，擺有一株植物和聖水、聖火。「Shyama」小聲問我，早上是否洗過澡。「沒有。」「那麼跟大家一起繞小桌子一周，但別碰它。」十九歲的女孩嚴肅地說。

儀式結束後，「Shyama」指點我買下《薄伽梵歌》（據說哈佛商學院已把它列為必讀書本）和佛珠，勸說我和她一起坐在地板上念經。「只要十分鐘。」她一再說。這時，尼泊爾人Yaman走了過來，他接過

德里的一場遊行，圖為濕婆神和他的妻子的扮演者，甚至一頭大象也被牽到了狹窄的小街上。

我的書擱在胸口，誠懇地道：「妳買到了世界上最偉大的作品。」「妳是印度教徒？」「我每個宗教都信。因為我知道神是至高無上的，他無處不在，在你的相機裡，在你的本子裡，他可以表現為這個模樣，也可以是那個，所以，別輕易下結論。」

當我站在傍晚的恆河邊時，細密的雨絲打在頭髮上。誦經聲從身後的喇叭內傳出，我四周的堤岸和天臺上站滿了淋雨的觀眾，一齊追著歌聲的節奏擊掌。恆河的下游段在此地突發奇想地拐了一個彎，從而造就了印度教聖城瓦拉納西。此刻，六個身著華麗服飾的年輕祭司手持火盤，面朝著漸入夜色的恆河舞動。雨水竟沒有澆滅任何一朵燭光。這叫我想起瑞詩凱詩的黃昏，古魯帶領男童們對著被落日染紅的恆河上游誦經。

第二天上午，我們遊覽完恆河，回到「India Hotel」吃早餐。一名穿白襯衫打黑領結的服務生走過來，略帶羞怯：「女士們，我看見妳們了。」

不等提問，他便回答：「剛才我在恆河裡沐浴，看見你們坐在船上。」「你每天都去嗎？」「不，今天是周六。」清晨去恆河沐浴，再去寺廟朝拜是每一位聖城居民遵循的傳統，哪怕他們擦乾身子後會穿上西方的職業裝。印度教徒此生中必會到一次恆河，為了沐浴、取水或火化。(雖然我後來也在孟買遇到過「Verenut」那樣居住英國十年、穿西裝、說英語、吃牛肉、對瓦拉納西沒有興趣卻又堅稱自己是印度教徒的人。)

面朝東方的達薩斯瓦梅朵河壇（Dashashwamedh Ghat）上建築錯落，商業繁華。女人身穿紗麗直接躍入略有涼意的河水中，男人則用長條布裹起私處。家長把孩子的腦袋按入水中再提起，無視他們恐懼的掙扎。白色肥皂泡在河面上慢慢漂散。而就在百餘米外的達薩斯瓦梅朵河壇，一具具裹了黃橙色或紅色布匹的屍體正在等待焚燒。他們相信，當

← 孩子們紛紛跳入恆河中沐浴。

頭顱被長子敲開，肉體的灰燼和殘餘被推入母親河後，靈魂將因此擺脫輪迴，進入極樂。

我們和其他遊客一樣選擇河面的角度，帶著自以為是的「清醒」觀點審視堤岸上發生的一切。在印度，「東方」這個內涵豐富的意象像被放進冰庫，四十多年過去後，它對古文化發酵變質的東方鄰國也具有不可取代的象徵意義。

很快，滿載紀念品的小船靠近我們，請求我們買這買那，由於我們的船夫索要回扣，商販憤然離去。岸上一位老年上師在收到滿意的「模

特兒費」後，終於眉開眼笑：「帶點恆河水回家吧，等所有的灰沉下後，身體不適喝一點，保管有用。」朝聖者們的虔誠並未給聖都帶來淳樸平和，反而使現狀變得滑稽：瓦拉納西比別處更骯髒、更混亂也更複雜。

你的每一腳下去都可能踩到排泄物、小偷和欺詐者。在神聖的濕婆金廟內，一位Puja師指給我看鐵絲網罩住的大井：「這是在有世界上的任何水之前，甚至在有恆河之前，濕婆神用三叉戟開鑿的水井。」之後，他伸出手來：「給兩百盧比妳的家人會有大幸福，給一百盧比小幸福。」

只有在印度，你還能在城市中
見到野生孔雀、猴子和松鼠。

我的情緒逐漸低落，那位說出「神終將拯救動機純正的人」的甘地的國度究竟在哪裡？

宣導放棄物質享受的民族急功近利起來也可以毫不示弱。立法結束等級制度已有半個多世紀，但貧富差距卻來得更為猛烈。人人崇敬甘地，卻又不需要甘地。教派仇殺從來沒有停止。主張非暴力的甘地死於印度教徒之手，而主張暴力的甘地夫人死於錫克教之手。至今濕婆金廟依然由荷槍實彈的重兵把守，進入前須交出一切物品（除了錢）。我向那位儀表威嚴的長官打聽形勢，他俯下身，用不容違抗的嗓音告訴我：「因為有些人信阿拉……而神只有一個。」如今他們所做的一切也許只是在挽回被莫臥兒帝國的末代皇帝奪走的尊嚴而已。可誰還記得甘地的那句話：an eye for an eye makes the whole world blind。

你會選擇一個適合生死的城市抑或適合生活的城市？我選後者。如果我留在印度，我願意與烏代布爾（Udaipur）長相廝守。不僅是為了清晨在水波浩渺的湖面上掠過的仙鶴，也不僅為了城市中泰然自若的野孔雀和野松鼠。

西班牙女孩Sandra和我的觀點相同，她已在此地待了一年多，腳鏈、趾戒、鼻釘一個不落，吃到肉便會嘔吐。烏代布爾的每個人都認識她。「妳注意到沒，這裡的人的微笑都是發自內心的。啊，齋浦爾，那裡的空氣太糟糕了。阿格拉（Agra）？那是全印度壞人最多的地方！」

當我問起她的愛情時，身邊的印度男孩代她回答：她對一位善良的印度男青年動了心，卻很快與對方分隔兩地……她低頭聽著自己的故事，撫摩著櫃檯，默默點頭。

六月，我們遇上了齋戒日（Nirjala Ekadashi）。這一天從日出到日落，百分之六十印度教徒將會不飲不食，而剩下的百分之四十則僅靠牛奶、茶和果汁果腹。我們吃過豐富早餐，但當擠在婦女的長隊中赤足挪到「Jagdish Temple」跟前時，卻已經飢腸轆轆。成千上萬的信徒從村莊擁來，管理者不得不以木杖為門，分批放入。

傍晚，我們終於找到一家仍在營業的餐廳，爬上天臺，打算飽食一頓。無數的小松鼠在欄杆上躥來跳去。對於我的嘖嘖稱奇，自稱藝術家的餐廳主人笑道：「烏代布爾出產細密畫，畫筆就是用松鼠尾巴上的毛做成——但我們只是在每隻的尾巴上拔走一根毛，然後放牠走。」

印度細密畫的主題通常是王公們的狩獵、情愛、生活場景，我最喜歡的是愛人們身著薄衫在月光下相視而坐的畫面。也許只有被坦陀羅主義和禁慾主義相互拉扯的印度人民，才能創造出這樣既恬靜又熱烈的美。

天色略沉時，寺廟的燈光亮起來，晚風中飛起了上萬個輕靈的小身影，忽高忽低，布滿有晚霞的天空。這夢幻的場景和夜風一起襲來，我花了幾秒鐘才認出它們是風箏。我四周遠遠近近的天臺上站滿了快活的烏代布爾人，他們此起彼伏地高喊著同一句口號。

「等風箏飛到最高處時，他們叫一聲『割啦！』，風箏就將隨風而去。」藝術家解釋，「今天也是風箏節。」這座華燈初上的白色之城，或許可以為「Sandra」和情人某天的重逢創造最浪漫的背景。

我在果阿柏悅酒店內嘗試了最好的阿育吠陀療法。在治療前，我照例與醫生進行健康諮詢。但比起其他水療館的走過場，這是頭一次，我的不良習慣被「Kumar」醫生密密地填在問卷上，甚至塞到表格中縫去。

烏代布爾的風箏節，
每個人都在自家的陽臺上放風箏。

I am a slow walker,but never stop

坐在烏代布爾的酒店的露台上，可以眺望湖對岸的白色皇宮。

「Ayurveda」字面意思是「生命的科學」。這門有五千年歷史的古老醫藥學最初同樣服務於宗教：因為只有當你無病無痛時才會精神快樂，只有快樂了，才能很好地愛神。

　　在齋浦爾時我曾特意拜訪國立阿育吠陀學院的校長「Mahesh」教授，他坐在一張極寬大的圓弧形辦公桌後接見了我們。這是我見過的最氣派的校長，被點名的訪客可以從側面挪到他的正前方，他只需用手一指，不同的職員便匆匆出現在門口。這所由齋浦爾王公成立的學校是他的母校，現在他是這裡的家長。

　　當我問起這幾年阿育吠陀緣何流行時，他口音濃重地打斷我：「不對！千年來它一直十分流行。只是因為政府支持，其他國家的人也越來越多地使用它。為什麼水療如此流行？因為人們信了，強烈地相信。」其間，他從抽屜裡取出不同顏色的粉末倒在我的手心裡叫我品嚐。他指著其中一種深色的說：「這是訶黎勒，對妳的消化系統有好處。」

　　當我們和年輕的「Kumar」醫生共進午餐時，他也教我們辨認數十種不同香料，它們既被用作佐料，也用於阿育吠陀療法。餐廳食譜專為水療中心的客人設計，我按他的指示只吃了一點白肉。「Kumar」醫生自己的食量很小，除雞蛋、牛奶外不食用其他葷腥，卻擁有矯健的體形和充沛的精力。

　　儘管他提醒過我，交談不利於享受食物，但我的問題依然從印度等級制度跳躍到印度教不同支派，再從「Kamasutra」跳躍到「dosha」（基本五元素在人體內通過不同的組合而形成的三種身體類別）。「聽著，」無意中，他總結了我的印度之行，「印度教其實不是宗教，而是一門哲學。」晚上當我喝了一杯薑茶，點了一曲誦經樂，開始接受「Kumar」為我預訂的「choorna swedam」治療時，還在思索著這句話。《吠陀經》中的四吠陀涵蓋了宗教、法律、藝術、醫學等一切方面，它既是自圓其說的哲學也是廣義的科學，它是印度一切合理或不合理的存在的基石，也解釋了為何這裡的「東方」是如此堅不可摧。

　　經過一輪答題後，我知道了我的「dosha」是「vata」為主，
「pitta」為輔，像我這類人愛幻想、敏感、喜歡改變和旅行，學得快，
也忘得快。此刻，在黑乎乎的房間裡，我想像草藥正滲透我的皮膚，中
和我的「dosha」，改變我的身心。

　　這裡是印度唯一的酒精免稅地果阿邦。篤信基督教的當地居民的生
活節制而有秩序，他們和嬉皮大軍的唯一交集，在綿長的海岸線上。雨
季來臨了，「Anjuna」海灘的嬉皮時代留下來的周三跳蚤市場中止了，
只剩下拍留念照的印度外省人和假期不靈活的外國遊客。在狀況相似的
「Palolem」海灘上，我們遇上了「Simon」。他正和一個當地人鬼鬼祟
祟地商量著什麼，一見我們靠近便停止了。

　　他的髮型告訴我，這又是一位住廉價旅館、常年四處鬼混的西方無
業遊民。他也同樣苛刻地評判著我們，就像嬉皮評判西裝和領帶：「對
於我來說，旅行就是生活。對於你們呢？是工作？」

I am a slow walker, but never stop

他說他是名來自澳大利亞的基督教徒，本想在這裡尋找和借鑒印度教中的真諦，卻發生了一樁「甩不掉的回憶」：在喀拉拉（Kerala）的一個深夜，十幾名當地人「莫名」地衝進他的帳篷，衝他喊叫並暴打了他。「妳看報紙了嗎？有個俄羅斯醉鬼因為侮辱了他們的宗教被活活踢死。那真是美好的一夜啊！」

　　這不是我所認識的印度，而是西蒙的。

　　這或許證明了，一切問題的答案都不會形式化地存在於某個目的地。更可能的是，每個人都在尋找的能催生世界和平和個人良心的東方，其實在自己心裡。「答案」種植在「意識的深淵」中，隨一次次西天取經般的旅行生根發芽，或被扼殺。

　　而我願意在去蕪存菁後的回憶中保留那樣一個清晨：當我和「Shyama」坐在大理石地板的陰涼處念完了一百零八遍「Hare Krishna」的經文後，她的父親悄然走近。「我們呼吸的空氣都是『Krishna』的，」他對我說，「妳無時無刻不在呼吸，因此必須每時每刻地念他的名字，否則，就是在偷別人的空氣。」這一次，他沒有戲弄誰。⋯⋯⋯✈

▶ Chapter 15 ◀

〔尼泊爾〕
Nepal
╱
風雨述説的
前世今生

神話被一一打破了。
退休的活女神、
失去光環的皇室
和一次次失望
又一次次希望的尼泊爾人民，
都無法迴避一個現實問題：
如何才能獲得更幸福的生活？

　　二〇〇八年六月，我在印度境內的飛機上打開一份當地報紙，頭版標題寫著：「告別國王。」配合的畫面是鄰國那位飽受爭議的國王賈南德拉坐在黑色轎車內，表情僵硬。他選擇趁著夜色低調離開，卻依舊招來了歡呼的和痛哭的兩種人。在他遷離將被用作博物館的王宮後，將前往加德滿都近郊的訥格爾朱納行宮定居。至此，統治尼泊爾二百四十年的沙阿王朝壽終正寢。

　　愚人節前後我正在尼泊爾，距離尼泊爾歷史上的這次最重要選舉不過十來天。當車子緩慢行駛時，有人突然從窗戶塞進尼共（毛主義）的傳單。在滿是十七世紀遺跡的帕坦王宮廣場，尼共（馬列聯合）候選人正在進行富有激情的演說，四周聚滿了認真的聽眾，斟酌自己最後的決定。當我們又一次被遊行隊伍堵在去猴廟的半路上，有人為了打發時間，讓帶隊的瑪麗亞用三個詞概括尼泊爾人。她說到最後一個詞時，拖長了聲調：「patient（耐心，也指尼泊爾人動作慢）——」但那會兒，尼泊爾的社會卻並非如此，它的方方面面正在累積情緒，就像血壓計袖帶一再地給胳膊上的肌肉增加壓力。四月十日，一切將爆發，或釋放。

←　有寺廟之城稱呼的尼泊爾首都加德滿都。

尼泊爾的人均收入排在亞洲之末。它的國土面積只占全球面積的百分之〇‧一，海拔卻從六十公尺攀升到世界之巔，它有熱帶叢林、溫度適宜的加德滿都谷地、令人驚豔的雪山風光。毛主義的主席普拉昌達曾說，把國家交給他，他可以把它變為亞洲的瑞士。（這個承諾不僅指出兩國風光的相似，也有把世界最富國立為目標的意思，因此十分悅耳。）對於一個需要從印度進口汽車、電影、雞蛋乃至電力的小國來說，旅遊是它唯一可能重獲尊嚴和希望的出路。

南亞各國近年來大力發展旅遊。印度廣博豐富，既能為明星們提供世界頂級的皇宮酒店，也能讓荷包不鼓的年輕人找到樂趣；不丹儼然已把自己包裝為一顆昂貴精緻的珍寶；斯里蘭卡和馬爾地夫擁有成熟而迷人的海灘。而大選前的尼泊爾呢？它的旅遊收入僅占國民總收入的百分之四，且外國遊客中有將近百分之三十來自印度（根據尼泊爾旅遊局二〇〇七年資料，中國遊客的數量正以百分之一百二十的速度增長）。在尼泊爾制憲會議選舉之後，尼泊爾的旅遊業將何去何從？

加德滿都又斷電了。沒人大驚小怪，窗戶外的泰米爾街區漆黑安靜，屋內盛有羊肉、咖喱蔬菜、野豬肉和黑米飯的銅盆映照著燭光而金燦燦的。

這家位於老木樓內的「Thamel House」餐廳之所以能夠躋身高級餐廳，也許因為它在某些方面修改了本土生活方式，使它更為精緻和時尚，比如刀叉；而有些方面又保存完好，比如席地而坐——我們中間的一位膝蓋有問題的女士百般抱怨才換來一張小板凳。除此以外，尼泊爾的高級享受就在那些與街道嚴重脫節的國際五星酒店內。為此它們總會用心良苦地保留一些尼泊爾元素，讓客人不至於與目的地太過生疏。我們第一晚下榻的凱悅飯店，大堂下沉，像是一個無水的旱池，中間種著許多隻石塔。

　　尼泊爾優越的自然資源並非只能與年輕人對大自然的衝動結合在一起。它除了吸引背包客外，也正在努力取悅那些只喜歡趴在泳池裡觀望雪山的享受型客人。如果你想看孟加拉虎，你可以住在有人替你煮咖啡的「Tiger Mountain」度假村，每天由有經驗的大象騎師載你東奔西跑，尋找老虎足跡；如果你希望近距離觀看雪峰，可以搭乘佛祖航空公司的小飛機，從八座八千公尺海拔的雪峰中間穿過，彷彿航行在另一個星球。

　　我在博卡拉試坐了安德魯駕駛的動力滑翔機。這位尼泊爾和俄羅斯混血的飛行員有一雙漂亮的眼睛，很能引起女孩們的關注。但我們最需要他的品質是臨危不亂。當飛到了六千公尺高空後，他關掉了引擎，天地瞬間無比寂靜，前方是霧氣中的雪山山巔，腳下是山巒、湖泊、村鎮。

　　滑翔機迎風微微抖動，像一隻翅膀有力的鷹。安德魯對著後視鏡向我豎起大拇指。

　　真正的奢華總是低調的。它的聰明在於不會把珠寶嵌在外牆上，而是等你舉起一隻不完美的老茶杯，主人淡淡說一句：它是國王以前用過的。真正無價的，是時間和故事。

　　尼泊爾有八個世界遺產，並得過兩項遺產獎（Heritage Awards），其中一項是巴德崗的中世紀城，另一項是「Dwarika's」酒店。

說來話長。二十世紀五〇年代的一天，「Dwarika」外出慢跑，遇到木匠們扛著一根剛從一棟翻新建築上拆除的老木柱，準備把它當作柴火焚燒。他站在那裡，看著這根有幾百年歷史的精美木柱，想到的卻是加都谷地中獨一無二的木雕、寺廟、塑像、銅器、陶藝以及生活方式都將被愚蠢而貪婪的當代商業投進火爐。他用新木材換走了木柱，隨後一發不可收拾，所有他遇上的即將被毀壞的老什物統統被買下。後來東西多到家裡難以容下，他便按照加都老房子的式樣建造了「Dwarika's」，而第一根啟發他的柱子至今豎在花園。

　　這也許不是一家最舒適的酒店，也不是最具視覺衝擊力的，但它的每一扇木門、每一支燭臺、每一個大衣櫃都是身價不菲的老祖母，看起來相貌平平，卻能在深夜把它們經歷過的故事與你細細道來——還有比這更奢侈的嗎？

　　「Dwarika」的妻子繼續掌管著酒店。瑪麗亞曾說起，這位老婦人至今是國王的擁護者，我應該拜訪她我猜測，這位七十多歲的老婦人害怕失去一個國王，是因為害怕這個社會失去具有神秘感和莊嚴感的貴族生活方式。

श्री शिव मन्दिर संरक्षण समिति
पोखरा - ४

我對她的容貌有諸多想像。

她坐在大書桌後面，披著寶藍色披肩，皮膚白皙，白髮正中留了一縷黑髮，額頭上點著一團紅色。她的腿出了問題，好幾個月不能下地走路，但犀利的眼神、皺起的眉頭和聽起來有點兒距離感的笑聲都發揮得遊刃有餘。

但當說起如何在將來進一步保留岌岌可危的傳統文化時，她顯得有些激動：「也許社會需要新的系統來持續發展，我會坐下來看著的。但要知道宗教在這裡十分強大，傳統也很強大，無論世界如何變，年輕人如何穿著、思考，當他們老的那一天就會明白，世界的真理不會改變，也不會滅亡。」

我想起了幾天前在加都的「Kumari」寺廟看見的活女神。一位老婦人出現在雕刻著精美神像和孔雀的二樓木窗後，嚴厲地俯視院子。確認所有人都放下相機後，活女神現身了！這位九歲小女孩穿戴著紅色衣服和頭飾，白淨圓潤。她雙手撐著欄杆，靦腆地接受眾人幾秒鐘的注視和掌聲後，又消失在黑暗的窗口。

過去家中若有女孩被選為活女神是莫大的榮耀，而如今父母顯然對活女神退休後每月四十美金的補助不夠滿意，女兒錯失了受教育的好機會，且由於「剋夫」的傳言使她們很難出嫁。實際上，父母更希望自己的女兒讀一個好學位，找到份體面的好工作。

二〇〇一年六月一日的晚上，尼泊爾皇宮發生離奇的宮廷慘案，王儲迪彭德拉在射殺連同國王、王后、王子、公主在內的八名皇室成員後飲彈自盡，關於動機的說法之一是他與父母在擇偶問題上的分歧。這次慘案不僅使皇室名存實亡，意義更為深遠的是，踩著皇室血跡上臺的國王賈南德拉不再能得到民眾的信任。而此前，占尼泊爾人口百分之九十的印度教徒們認為國王是毗濕奴神的化身。

神話被一一打破了。退休的活女神、失去光環的皇室和一次次失望又一次次希望的尼泊爾人民，都無法迴避一個現實問題：如何才能獲得更幸福的生活？⋯⋯⋯➤

Chapter 16

〔肯亞〕
Kenya
雲間的狂野和神秘

當我在草原上仰望彷彿觸手可及的藍天白雲，
會以為自己擺脫了地球引力，正在天空中自由遊弋。
在肯亞的豔陽下，一切曝光的影像，
都會讓人產生雙腳無法著地的不真切感。

我第一次吹響了哨子。

剛到「Porini Camp」(Porini帳篷酒店)，伊凡斯(Evans)就提醒我，遇到危險吹哨子。除此以外，每個房間還配備了一盞應急燈。每當夜幕降臨，獅吼四起，我都會抱著這兩樣法寶進入夢鄉。

眼下，我吹了兩聲不見有人來，開始擔心哨子也許只是一帖類似維他命片的心理安慰劑，於是提著應急燈奪門而出。

我很快在雜草小徑上撞見了慌張奔來的伊凡斯和舉著長矛、提著煤油燈的三名馬賽人。

「發生什麼事了？妳的哨子聲斷了，我們判斷錯方向，所以來遲了。」

我羞愧地道出實情：我洗完澡後發現一隻大蜘蛛在我的床頭！

酒店經理伊凡斯讓馬賽人留在帳篷外，自己趴在地毯上整個上半身鑽入床底，等他氣喘吁吁地縮回腦袋時，已經把蜘蛛裹在了紙巾裡。我為自己的蜘蛛恐懼症表達歉意，他阻止我，善解人意地說：「妳做得對，有些蜘蛛真的是非常非常的毒。」他在「非常」上加了重音，雖然，我倆心知肚明，這不過是隻善捕蚊蟲的普通蜘蛛。

臨走時他嚴肅地囑咐我：「接下來不管再遇到什麼，你只管待在帳篷裡吹哨子就行了，我可不願意妳獨自出門時遇到夜間溜達的獅子、野牛或河馬。」

我決心乖乖照做。誰讓我正身處此地呢？

「Here I am，where I ought to be。」

每當肯亞的灌木叢從晨曦中醒來，獅子沙啞的吼聲遠去，我不時會像凱倫‧布里克斯（Karen Blixen，《遠離非洲》的作者）般自言自語。

← 馬賽人在夜間為我們準備燈火。

凱倫回想在非洲高地的日子，常有強烈的錯覺，以為自己曾一度生活於空中。而當我在草原上仰望彷彿觸手可及的藍天白雲，則會以為自己擺脫了地球引力，正在天空中自由遊弋。在肯亞的豔陽下，一切曝光的影像，都會讓人產生雙腳無法著地的不真切感。

「Porini」，在斯瓦希里語中意為「在荒野」。幸好，「Porini Camp」還不至於瘋狂到在帳篷頂上開天窗，畢竟，它要顧及城市人可憐的安全感；畢竟，這不是凱倫或海明威筆下用愛情或生死來解釋的「safari（狩獵）」。

但它也已經足夠狂野。

帳篷區四周沒有任何柵欄、鐵絲網，完全向保護區內的野生動物（包括食肉動物）敞開。六個看起來毫無防衛能力的軍綠色帳篷孤零零地散布在黃皮洋槐樹下。帳篷四壁皆為細密紗帳，客人在床上便可臥擁嫩綠色的陽光和清新空氣。

晚上點燈後如果要防「人」偷窺，可以把四面的布簾放下，但我從沒那麼做，因為此處的馬賽族服務生個個謙恭有禮，我和狒狒還說不上誰更樂意看誰呢。如果真有頭獅子來到帳篷外伴我入眠，那可是燒好幾炷香才能修來的運氣。

在到肯亞之前，我可謂是動物盲，不要說區分「Superbstarling（栗頭麗椋鳥）」和「Hildebrandt's starling（希爾德布蘭德椋鳥）」，就連松鼠和土撥鼠也常常混淆。但放下行李後不過一分鐘，我就認識了「go-away bird（快跑鳥）」——頭頂傳來奇怪鳥叫，彷彿有嬰兒吊在樹上嗚哇大哭。

「妳聽，牠們的叫聲很像『快跑』。牠們一旦發現獵人靠近，就會嚷著『快跑快跑』，撲翅而逃，而其他動物聽得此聲也紛紛快跑了。」二十三歲的馬賽男孩愛德華（Edward）膚色像極了黑巧克力，眼白和牙齒被襯托得格外光潔白淨。他還壞笑道：「等明天早上妳就會恨牠們了。」

↓　我們的餐廳，儘管晚上用餐時，飛蟲隨時會跌進湯碗裡。　　　　↓　我的帳篷臥室，被褥舒適而且乾燥。

第二個清晨，幾乎伴隨著第一縷晨光，帳篷四周的千萬隻鳥同時開始啼鳴，簡直像一齣熱鬧的舞臺劇。快跑鳥的嗓音並不出眾，牠們並沒有真正打擾我安眠，倒是愛德華自己在帳篷外一聲雄渾的「Hello！Morning!」嚇得我睡意全飛。

　　這樣的「叫醒服務」真是防不勝防，不像酒店電話可以一擱了事。

　　如果聽不到你口齒清晰地回應：「Morning！」他必定會在帳篷外一直吼下去。

　　一條矯健精瘦的影子從帳篷外掠過。片刻之後，我坐在露天靠椅上一邊喝愛德華留下的熱咖啡，一邊等待天色明朗。兩三片辣味十足的濃薑小餅乾徹底掃除了我最後一絲倦容。

「Porini」品牌的小型奢華帳篷酒店,一家位於安波塞利國家公園(Amboseli National Park)北面的「Selenkay」私人保護區,另一家位於「Ol Kinyei」私人保護區,距離馬賽馬拉國家保護區(Maasai Mara National Reserve)十八公里,分別只設六座帳篷。這裡配備了二十四小時守護客人安全的馬賽勇士、照料起居飲食的馬賽服務生和專業狩獵嚮導。在我逗留期間,幾乎把衣食住行全部交給他們操辦。

有時候你會埋怨起得太早或夜生活單調,如同抱怨某個減肥食譜中總是以蘋果片代替牛肉。但你終會感激,它為你安排的不僅僅是「菜單」,還有不同的人生。

六分鐘。

這是「Amboseli Porini Camp」的經理彼得(Peter)申明的第一條規則,可惜我並沒有記住。當我站在淋浴房裡哼著歌,不慌不忙往髮梢抹護髮素時,花灑裡的水戛然而止。一定有不少人和我一樣長期被酒店二十四小時的熱水供應嬌慣,對六分鐘毫無概念。最後當我就著洗臉池的冷水沖洗完頭髮,並頂著一頭泡沫尚在的濕髮向彼得抱怨時,他攤開雙手道:「唔,我真的很抱歉。」他的眼神確實飽含歉意和憐憫,但他並沒有表態要多給我延長一分鐘供水。

儘管如此,「Porini Camp」依舊能開出高價。原因之一是,它在這樣的荒野之地為你製造了一小塊城市文明的舒適。帳篷內幾乎蚊蟲絕跡,地板上鋪著略帶腥味的整張牛皮,粗獷寬大的原木床架上鋪著印有野生動物圖案的乳紅色被褥,噴香鬆軟。珍貴的洗澡水取自六公里外,用太陽能加熱,並由馬賽人注入帳篷外二十升容量的水箱。在知道了六分鐘的溫水澡是多麼來之不易後,我及時停止了抱怨。

← 在馬賽村莊中男人女人組成了幾個聲部的合唱團,迎接來客。
　男人們手中拿的長矛用於狩獵獅子。

同時「Porini Camp」又徹底隔絕了我們本來沉迷的生活方式。每天早上我會在享用燻肉和香腸之前先吃掉一盤新鮮的熱帶水果。沒有了聲色犬馬的夜生活，你也別再妄想能賴在床上收看連續劇；太陽能發電的燈管亮度還不夠你準確描口紅；當然你也無需為手機充電苦惱，因為這裡壓根沒有信號。

在第五天，我甚至有那麼點自欺欺人，感覺自己已經脫胎換骨：肌肉緊實，皮膚黝黑光滑，心情如草原般開闊。

不過有一點可以肯定的是，這裡的每一個人都想體驗自己成為另一種人。女人們或許想變成梅莉·史翠普扮演的丹麥女人凱倫，男人也許會羨慕葛雷哥萊·畢克扮演的硬漢哈利，他們和這片地域具有同樣的特質。澳洲女孩克里斯蒂娜（Kristina）在描述「Porini Camp」與其他酒店的區別時，把它的魅力一語道盡：「它更狂野、更自由，也更神秘。」

第一次遇見克里斯蒂娜是在「sundowner」（日暮小酌，流行於肯亞的活動，意指黃昏時分欣賞落日、喝飲料）時，她本來朝南而坐，這下回過頭來朝我們揮了揮手。她的前方，遼闊草原的盡頭，正屹立著吉力馬札羅山。

覆蓋著白雪的方形山巔懸掛在半空中，粉紅色薄雲從它胸前掠過。

在海明威時代，這座生長於炎熱赤道的雪山還是一片承載了世界想像力的秘境，主人公借一隻被凍僵在高寒之地的豹子，不斷追問自己究竟來此尋求什麼。此後，這番男人式的自我審問，鼓動了世界各路英雄前來登頂，彷彿真的可以在此尋找到人生意義。

小說外的吉力馬札羅見識了歷史的荒誕。德國占領此地後，非要把這座有名有姓的雪山說成是自己首度發現的，之後在德國威廉皇帝生日時，英國伊莉莎白女王又把吉力馬札羅山雪峰當作生日禮物送給他。

威廉皇帝當然沒法把慷慨的厚禮搬回老家去，如今只要在肯亞接近坦尚尼亞的地方找片視野開闊的草原上坐下來，就可以與黃昏中的吉力

馬札羅對酌暢飲。景色伸手可及，我似乎可以在空氣中嗅到活火山的湧熱，和山頂積雪的凜冽。不過真要到達它的身邊，卻還需要一天的時間。

　　克里斯蒂娜自稱今天已喝了兩瓶，但願意再和我們分享那瓶新開的白葡萄酒。隨著西邊日落，吉力馬札羅山隱入夜色，空氣中燥熱的塵粒沉落下來。馬賽人披上厚毯子，爬上越野車的車前蓋上固定的座位。借著馬賽人手中那一束手電筒光，我們出發夜遊。不多久光束落在一隻母獅身上，她扭動胯部慢騰騰走進黑漆漆的叢林中去了。折返時，我看見克里斯蒂娜爬到後座又取了一瓶葡萄酒，仰起脖子喝著，他們的越野車追隨著母獅消失在黑夜中。

　　「Mara Porini Camp」的日暮小酌選在一片地勢稍高的平地上，黑斑羚羊在遠處奔跑，非洲象群在地平線上緩緩消失。閃電此起彼伏，東方和南方好幾處正下著傾盆暴雨，其餘的天空卻依舊燃燒著晚霞。我

們的頭頂只是一個異常平靜的黃昏，馬賽人在孤獨的刺槐樹下擺起小桌凳，大家吹晚風吃薯片，喝酒。一個人低聲講述自己剛結束的一場戀愛，另一個年輕女孩則在猶豫是否要離開故鄉。

「Porini Camp」設法在美麗的蠻荒之地為你提供舒坦、真誠的社交場合。狩獵歸來，所有的客人由經理陪同在長桌上圍成一圈，如一個大家庭般共進晚餐。小蜘蛛片刻就在火光搖曳的燭臺和我的紅酒杯之間拉起細絲，小飛蟲不時掉進馬鈴薯韭蔥羹，但誰會計較這些？

伊凡斯知道如何調動氣氛，不會冷落任何一個人，而客人們也會更放鬆地吐露自己的故事，甚至秘密。這裡唯一沒有的，是矯揉造作的優雅，因為人類的修飾在一頭趕來湊熱鬧的長頸鹿面前就相形遜色。

我最享受的是沖涼後坐在刺槐樹下的火堆旁，喝一杯肯亞本地產咖啡，聽著木頭在火焰中爆裂的劈啪聲。日光消弭，夜色蔓爬到書本上，映著火光的字跡終於變得模糊不再可認。我無意抬頭，發現頭頂繁星又大又亮，密密麻麻，像黑夜被捅出了無數泄光的窟窿。

第二個晚上多了新客人，湯瑪斯（Thomas）帶著父母剛在傍晚到達。彼得問他們要喝啤酒還是葡萄酒。這位外貌斯文的德國人不假思索地回答：「當然是葡萄酒，這也是我們逃離德國的原因。」

↑　黃昏時遇見的獅群，剛剛分食完一頭斑馬，數了數，共有三十八隻。

　　兩位不會說英語的德國老人，面色紅潤，鬢髮純白，臉上總是掛著聖誕老人般的笑容。第二天我再見到德國老太太的時候，她已經和克里斯蒂娜打成一片，她們在飯桌上撒野，把頭靠在一起振動嘴皮子發出德文單詞，並且互吐口水。

　　還在火邊時，湯瑪斯談起去年的新聞，政府花了三百二十萬美金把四百隻大象從辛巴山國家自然保護區（Shimba Hills National Reserve）搬運到兩百多英里外的東查沃國家公園（Tsavo East National Park）北部。這個話題竟一直持續到晚餐時間，在長桌上，大家已經停止了討論中國功夫和各國烤肉店，加入了兩個不同派別。

　　湯瑪斯發表看法：「政府為什麼要用三百多萬美金來挪動這些愚蠢的大象，而不是幫助本國貧苦人解除痛苦？」以嚮導Ethan為代表的肯亞人則解釋說，辛巴山國家自然保護區的大象已經超出了當地承受能力的三倍，大象破壞莊稼地，攻擊人類。其實，即使在「Ol Kinyei」私人保護區步行的時候，我們也常常痛惜地發現，凡是大象經過的地方，總有倒楣的刺槐慘遭蹂躪。

　　人類與動物之間，甚至自然的內部，何時開始變得如此針鋒相對，非此即彼？

近年來，肯亞的大片沃土變得支離破碎。除了極個別成功案例外，幾乎沒有原始社區曾經從野生動物保護中獲利，土地所有者和社區既沒有專業知識，也沒有經驗和財力開發旅遊業。越來越多的土地被轉變為小規模農用地，或出租給大型商業性農場主。常常是那類善於鑽營或有政府背景的人獲得大量土地，其他多數居民則被迫遷離傳統居住地。隨著動物棲息地減少，人類和野生動物之間的衝突正在不斷加劇。

眼下，政府還可以把辛巴山國家自然保護區裡惹是生非的大象裝進卡車運出去，不知等到農田吞噬完荒野的那一天，該把整個肯亞多餘的動物運往哪兒？

「Porini」恰是英語「保護本土自然資源以增進收入」的首字母縮寫。「Porini」生態旅遊公司在這樣的背景中由肯亞人「Jake Grieves-Cook」創立。它協助當地社區把棲息地開發成旅遊資源，既保證野生動物繼續自由生活，又使社區居民從中獲益。

「Porini」為每位過夜的客人支付給社區一晚床價，而地租則以百分之十的速度逐年遞增。以Amboseli Porini Camp為例，它雇傭了超過五十名當地人，每人的月工資不低於八千先令（一美元約等於七十四先令），去年以租金、床費、工資的形式共回報社區十萬美金。這筆錢款幫助他們擺脫了只以家畜為生的艱苦生活。

「Porini」生態旅遊公司作為社區和生態雙贏的成功案例被寫進了教科書。沒錯，就連十五年未曾光顧的大象都重新回來了。為保證生態不受干擾和衝擊，堅持只設六頂帳篷（最大容量十二人），無論是在一萬五千英畝的塞倫凱伊自然保護區（Selenkay Conservancy），還是在距離納庫魯湖國家公園（Lake Nakuru National Park）五十分鐘車程的可吉歐野生動物保護區（Kigio Wildlife reserve）。

「Kigio Porini Camp」作為「Porini」品牌的第三名成員，在這之後的八月開業。它地處東非大裂谷，以白色犀牛和即將滅絕的羅氏長頸鹿(Rothschild giraffe)聞名。它的六頂帳篷全部安置在馬勒瓦（Malewa）河

邊，每一間都帶有私密長廊，可供情侶們不受干擾地徜徉休憩。

克里斯蒂娜從一開始就讓我明白，下榻國家公園住宿區的人們是如何錯過了狩獵的精華。他們搭乘小型飛機直接降落在酒店旁的機場，住進裝空調的房間裡，每天坐箱型車來來往往。司機們通過對講機交流獅子和豹子的出沒資訊，一旦發現就急驅直上。興奮的遊客們踩在座位上，把身體探出箱型車天窗，齊刷刷的相機鏡頭搞得獅子滿頭霧水。

日暮小酌？如果你運氣好，也許會在鐵絲網圈起的住宿區享受一會兒日落。至於徒步，那是國家公園明文禁止的，除非你內急，才有機會下車在方圓一平方米內解決問題。

相比之下，我能在嚮導大衛（David）和兩名馬賽人的陪同下清晨散步，真是太自由了。一望無際的草原上開滿了嬌柔的紫色小花，馬賽人西蒙（Simon）把長矛戳進花朵下的泥土，很快撬出一個像白色小蘿蔔的果實。他削乾淨，遞給我。我把它啃完了，齒間還帶一點清甜。

飛羚和瞪羚在我們身邊跳躍，我每次都沒法分辨清楚。大衛教給我分辨的訣竅：「妳看，飛羚的屁股上都有一個大大的黑色的麥當勞標誌。」這位英國籍嚮導非把一個西方符號敲在飛羚屁股上，想必會令他的兩位馬賽族同事不滿。

大衛是我在這裡見到的唯一一個白人導遊。他從小跟隨父親在肯亞草原上長大，隨後回英國生活十五年。當他厭倦了每天開著車在倫敦街頭推銷紀念品後，又跑回了黑色大地。顯然，他對現在的日子更滿意，因為一個小時後，他的女朋友將從英國抵達肯亞，她會試圖在這裡找份工作，與他一起開始人生中的非洲時光。

初試狩獵時，我一心只想瞧見驚心動魄的血腥場面。夜遊總能製造出我喜歡的詭異氣氛，馬賽人鑽出天窗舉一隻紅光燈（可以避免傷害動物眼睛），紅色光線落下之處，樹枝上、草地間、池水中，一雙雙閃閃發光的眼睛被點亮了。在「Ol Kinyei」保護區的晚上，我們突然認清楚前方的一群亮珠子竟是二十五隻獅子的眼睛。牠們正旁若無人地分享一

隻支離破碎的斑馬，我們幾乎互招脖子，才抑制住歡呼。另一個晚上，我的帳篷外降落了一隻美麗的粉紅色蝴蝶，我不忍把牠趕走。第二天清晨當我撩開門簾時，卻發現只剩兩片薄薄的翅膀散落在地板上。

這就是我們愛的自然，不管你情願與否，規則不會比我們生活的那個世界更複雜。我曾下結論，自從狩獵必須丟棄槍支後，你只要帶兩樣東西就夠了——好視力和好運氣。後來我糾正自己，真正的狩獵只要帶一樣東西就夠了：好心情。

馬賽馬拉國家保護區的地勢高低起伏，不能一眼望盡，更增加了神秘感。每當越野車爬坡時，上升的道路像是通向藍天。飽餐後的獅子在巴豆樹下像小貓一樣打滾，每隻大象身邊都會踢踢踏踏地跟著一隻小白鷺，我願意把生存之需虛構為一場體型懸殊的依戀。

到達的第一天，彼得對我說，每個到肯亞來的人得先學會兩句斯瓦希里語：「Pole Pole」和「Hakuna matata」。

前者的意思是「別急，慢慢來」，至於後者，如果你還記得《獅子王》裡那隻疣豬彭彭，就會想起牠一天到晚唱的「Hakuna matata」——沒問題，別擔心！這一句斯瓦希里語因成功鼓勵小獅子王突圍困境，而成為殘酷的非洲草原的快樂哲學。

「噓，獅子剛剛來過。」在陪護我們徒步穿越灌木叢時，他們用矛頭指著紅土地上一排新鮮的腳印。我們正在去馬賽村莊的途中，由六名馬賽勇士守護安全。

他們在一塊空地上表演從前是如何對付獅子的——輪流把手中長矛像標槍一樣擲向枯木，金屬頭精確地深深扎進了木頭。長矛的另一頭則是與獅子作戰時使用的鋒刃。但這東西對我來說太重了，我甚至不能讓它呈拋物線飛出去。我們穿過樹林時還得小心翼翼，別讓自己碰到「等一等樹」（wait a minute）。樹上的小刺常鉤住人的衣服，彷彿執意挽留你。後來在「Ol Kinyei」，我就見它鉤住了伊凡斯的襯衣，他佝僂著身子狼狽掙脫，一邊滑稽地叫著：「噢，等一等，等一等。」

　　遠遠聽見了幾個聲部的合唱。幾間泥和牛糞砌成的房子圍起的空地上，二、三十人站成一排，從右向左，依次是男人、女人和小孩。夕陽格外刺目，我瞇起眼睛，只能看見婦女們光溜溜的頭頂閃爍著一片金色。男人們喉嚨裡發出嘿喲聲，跳起躍高舞，有的可以騰空一米。保羅・特加特(Paul Tergat，著名肯亞馬拉松選手) 的大腿，也只可能長在這樣的土地。

　　我們和成人一一握手，眼角和嘴角爬滿蒼蠅的孩子們垂著頭，等待我們摸他們的腦袋，送出祝福。

　　兩個男人用牛骨珠子手腳麻利地玩一種遊戲，以木籤為籌碼。盛裝的女人們用一根燃燒的木棒伸進平日裝牛奶的皮革罐子，煙霧從瓶口滾滾冒出，以此給瓶子清洗消毒。

另一處，鑽木取火已經開始。一個男人迅速撚動手中木棍，軟木屑在高溫下開始冒煙。他匍匐在地猛力吹氣，終於，一點火星躥了出來，最後燃成了大火。

　　彼得總會提醒：「盡情拍照吧，到了保護區外可就別再向當地人舉起相機。」彼得的一個美國朋友因為未經問詢拍了一個馬賽人，而被團團圍住敲詐了一百美金。

　　當我們乘坐的越野車在廣袤的高原上奔馳時，放牧的孩子都會揮動雙手，邁開細長雙腿踏著紅土飛奔而來。路邊取水區旁聚集著飲水的馬賽人和牲口，陽光中海藍、亮橙、鮮紅的布匹包裹著他們黑色的肌膚，如同黑暗中一條條螢光色的魚。

　　不少馬賽人依舊保持著游牧民族的習性，追隨豐草遷移。他們依舊用兩塊棗紅格子布兜身，子然獨步於草原；依舊娶四、五個老婆，並在成年之日接受割禮。雖然不見得每個人都會像可憐的美國人那樣倒楣，但隨著肯亞日趨熟練地扮演旅遊目的地的角色，馬賽人已經很清楚該如何利用這些「依舊」改善生活。

　　我曾去一個馬賽村莊購買工藝品，女人如旋風般瞬間在各自家門口的牛屎地上擺起了地攤，那些並無技術含量的塑膠珠子飾品常常開價一兩千先令。她們說著我聽不懂的斯瓦希里語，把和她們身上戴的同樣的塑膠珠鏈往我身上比畫。

馬賽人向我們展示最原始的鑽木取火。

馬賽人以蹬高舞來迎接客人，跳得越高熱情越高，
有的可以高達一米。

　　而像愛德華或西蒙這樣的年輕馬賽男孩受過良好教育，雖然身上披掛紅布，年幼時卻沒有被父母強行「美容」，所以他們不會拖著兩個像麵條一樣掛至肩膀的耳垂，也不曾被敲掉兩個門牙露出一條可以用筷子當牙籤的大牙縫。如今已有越來越多的少女冒著生命危險對部落強加的割禮說「不」。從外表、語言到內心，他們都已經改變。

　　十八歲的西蒙睫毛又長又翹，可愛甚至有幾分甜美。他知道把握時機，自告奮勇地代替嚮導解答客人對當地風俗的疑問。在一次徒步回來的路上，他悶悶不樂地告訴我，他中學畢業已經一年了，目前最大的心願是去奈洛比大學繼續學習歷史。

　　在告別這片土地時，凱倫對忠心耿耿的黑僕說，如果我再回來，我會燃一堆火，我一定在火光所在的方向。黑僕則請求，夫人，請您務必把這堆火燃得大一點。凱倫一去不返。

　　如果她再回來，他們也許就會失散在肯亞的黎明之後。

　　飛行員給每人發了一粒藍色薄荷糖，擠擠眼睛說：「開始享受吧！」

　　只載八名乘客的小飛機在黃沙跑道的盡頭騰空而起。揮手的伊凡斯和馬賽人變得像另一側奔跑的牛群一樣渺小。不一會兒我們就遇到暴雨，窗外掠過黑沉沉的烏雲和雨點，機身開始搖擺。身邊的年輕黑人轉過頭來說：「Hakuna matata!」

　　這次，我確定，他也沒有寬牙縫。………✈

▶ **Chapter 17** ◀

〔尚比亞〕
Zambia
/
河畔的似水流年
和渺遠星空

還有誰，
願像一根成年水草般，
在大河的懷中傾訴？

我時常想起布魯斯‧史普林斯汀（Bruce Springsteen）的《大河》。他這麼唱道：「我來自河谷的深處/在那裡你也有過童年，先生/他們把你撫養成/和你父親一樣的人……」

每個人的記憶中也許都有這樣一條河流，河水奔騰渾濁或平緩清澈，河床寬闊深陷或狹窄膚淺，但都曾為你的少年打開過思想與情感的閘門。而普魯斯特歸納的人生，也不過是一個人躺在河底，看著潺潺河水、落葉、浮木、空玻璃瓶，一樣一樣漂過。

可現在，還有誰會回到大河身邊？海邊湖畔成了熱門度假地，而一條流動不止的河流卻留不住旅人的腳步。倒是非洲南部那條悄然無聲的尚比西河，剛柔並濟、馬不停蹄地恩澤著四方生靈，把你也感動了。

尚比亞皇家李文斯頓酒店（The Royal Livingstone）正是沿尚比西河而建。那一段河岸寸土寸金，十七棟別墅面河排開，用於休憩的原木露臺直接架在水面上，露天泳池緊鄰河水，你差不多可以游進河裡去。

當你坐在露臺的沙發上時，可以毫無阻隔地望見維多利亞瀑布上方的白色霧氣。它如一團蘑菇雲升騰在空中，一到黃昏，就被映照成甜甜的粉紅色。

當地人把維多利亞瀑布稱作「Mosi-Oa-Tunya」，意為「雷鳴之煙」，皇家李文斯頓酒店就在尚比亞莫西奧國家公園（Mosi-oa-Tunya National Park）內，有通道可直達瀑布。

有次當司機開著悍馬車載我們穿過公園回酒店時，路邊坐滿了看熱鬧的狒狒。他方向盤一轉假意要衝過去，嚇得牠們四下逃竄，把大家樂得前仰後合。如果你為狒狒打抱不平，那麼得先明白，狒狒也折磨了不少人。我們剛到南非失落城皇宮酒店的下午，一個狒狒團夥便拉開未上鎖的落地門，闖入一位客人的房間，打開他的行李箱，把藥片、香菸、短褲洗劫一空，甚至用遙控器打開電視看。

← 日落時，尚比西河上的夢想色彩。

相對來說，其他動物的光顧則是獎勵了。一天晚上，我獨自走回房間時，錯愕地發現一頭長頸鹿安靜地站在別墅前，離我不過兩三米的距離。可當我奔出去要指給別人看時，牠已經以與體型不符的速度消失了。

　　第二天，好幾個人走上自己的陽臺，同時發現一群斑馬正在自家門外，這才證明了我前一天晚上並沒有喝多。如果你害怕，沒准可以叫佩戴紅腰帶的英式管家為你驅逐，或者，你也許根本不該選擇到非洲度假。

　　而猴子們幾乎都聚集在沿河岸生長的猴麵包樹下。有天我穿著綠衣服逗兩隻小猴子，牠們或許把我當成一棵樹，噌地躥上來抱住我的大腿。

　　非洲的猴麵包樹很神奇，首先在於它的名字。不知道是否有其他孩子和我童年時一樣，曾愚蠢地想像道勁有力的枝幹上同時掛滿了猴子和麵包。後來我知道它很大，因為三棵發育成熟的猴麵包樹就可以把「小王子」的整個星球占滿，而非洲人還在樹幹裡開酒吧，一棵大號的猴麵包樹樹幹可以同時容納五六十人。

　　某天晚上的節目單還特意強調：這是在猴麵包樹下的星空晚餐，如果今晚不打雷。猴麵包樹，這才是晚餐的重點，遠勝過紅酒浸泡的甜蘋果點

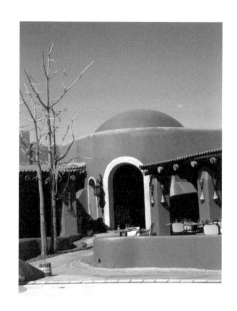

心。它提醒你，這是尚比亞，而不是你家的後花園。

　　李文斯頓酒店保持了原始簡潔的殖民風格，公共區域都是茅草頂、木結構的平房，站在大門口即可透過簡樸通透的大堂望見尚比西河。大堂前臺的側面，畫著探險家大衛‧李文斯頓苦行僧一般的經歷，如同連環畫，只是失真的犀牛和他那圓潤外形的喜劇效果，遠不如那尊銅像來得有說服力。

　　李文斯頓登高望遠的銅像至今高高矗立在瀑布景區門口，似乎提醒著，這不再是誰的或誰可以占有的地方。

　　據說，年幼的李文斯頓曾聽一個退伍士官講戰爭故事，他記住的只是末一句——士官說，我一生最難打的戰役，其實是我內心的爭戰。

　　之後當李文斯頓在文明人認知的盲點、非洲的蠻景煙瘴中摸索前行時，有人就把他的動機歸結為一心尋求自我的救贖。

　　而我倒相信每個人在接近未知的真相時所感受的獎勵般的狂喜，並不亞於被赦免的快樂。只是「雷鳴之煙」在李文斯頓繪聲繪色的公布中搖身一變成了維多利亞瀑布。美景覆蓋了探索的全部意義，神秘感已經在眾人紛至沓來的腳步中消逝了。

在今天的非洲版圖上，依然有三十多個地方以李文斯頓命名。任何一個穿獵裝、戴遮耳帽、唇上留著濃密的八字鬍的雕塑和畫像都可被認作是他。李文斯頓鎮，就以這樣一個飽含感恩之情卻又毫無個性的名字，被淹沒在非洲張揚的表達中。

　　到李文斯頓鎮來的西方遊客也樂於模仿他的形象。我們遇到一位白鬍子瘦高個，就算在早餐桌邊喝咖啡時也不願摘下他那頂卡其布遮耳帽。

　　等我到達維多利亞瀑布的時候，三百六十度彩虹只剩了一半。我摘掉了雨衣帽，穿過離瀑布最近的鐵橋，像是經歷了一場強勁密集的暴風雨，耳朵裡一切的聲響都被瀑布的轟鳴壓制住了。

　　李文斯頓曾讚歎道，即便天使見了，也會為之駐足。

　　後來我們坐上直升飛機，像天使一般盤旋在維多利亞瀑布的上空，噪音、水霧和氣味都被隔絕在玻璃窗外。

　　尚比西河是非洲第四大河，源於安哥拉中東部高原，水流寬闊平緩，從遠方蜿蜒而來。它本該如此綿延不絕、直達大海，可一道巴托卡峽谷（Batoka Canyon）如刀疤突然橫在地表上，於是措手不及的充沛水流在斷崖處驟然跌落，在百餘米深的峽谷深處傳來世紀不絕的炸響。

　　據說距離帶來理性，宏觀減少誤解。現在，腳下的瀑布安靜而暴力，匍匐在大地上像一頭奇怪的生物。飛濺起來的水霧升騰在半空中，雨季可達三百米高。一道生生不息的彩虹豎著指向天空。而尚比西河水遇到一個個小綠島後分岔，再合流，全然不知幾公里後自己的命運。

　　我們戴著耳機，能聽到其他人的聲音。飛行員話不多，耳機裡傳來一句聲音延遲的話：「那兒有群河馬，看到了嗎？讓我帶你們過去瞧瞧。」直升機突然掉頭。

這就是聖艾修伯里所追求的「天地間恐怖和崇高的瞬間」嗎？他迷戀在非洲飛行，因此和幾個情人的關係都不長久，最後一次執行任務時，他像天使一樣消失在天際。

　　對於度假審美來說，無論是在聽覺上還是視覺上，維多利亞瀑布都過於激烈暴力了一些。但那條溫柔的尚比西河卻著實養育了李文斯頓鎮，那裡有苗條時髦的黑人女孩、一九〇七年開業的第一家百貨商店和即將開業的購物中心。

　　也許可以沒有維多利亞瀑布，但怎麼能離開尚比西河呢？

　　皇家李文斯頓酒店的SPA取尚比西河畔的幽靜處，在大樹背後安置了兩個白色帳篷。纖瘦的黑人女孩穿上白色制服，格外精神。雖然她們的指法不盡如人意，但關鍵是你可以呼吸到尚比西河的氣息，甚至在更衣時偶一抬頭，都能瞥見帳簾縫隙裡透出的湛藍色。那水波折射的陽光，幾乎使人軟弱。

　　即便是騎馬，也得一路沿著波光懾人的河岸，隨之穿過荊棘叢林、鏽紅色沙土、雨後泥濘地或汽車呼嘯而過的公路。

　　那幾匹高大的駿馬被飼養得毛皮發亮，精神抖擻。

　　「請別大聲尖叫，這會驚嚇到牠們！」領隊的黑人騎師提醒，可他自己一溜煙往前去了。我們的馬兒也邁開大步追上去，全然不顧背上還馱著一個緊拽韁繩、夾緊膝蓋的生手。

　　最親近尚比西河的莫過於乘坐「非洲皇后號」。這適合在傍晚將至的時候，日光不再強烈，兩岸荒野的植物與深湛的河水更適合目光落腳，而等到回來時黑黢黢的兩岸又染上了視線無法觸及的孤獨。

　　我身邊坐著的是一個西班牙家庭，每當水中的河馬群冒一下腦袋，或一段似是而非的鱷魚背浮出水面時，戴牙套的小男孩就會驚叫。

　　我們遇到形形色色的船，有些是只能容納數人的簡陋小艇，可以隨意靠近岸邊，在上面伸出手來說不定就能觸及河馬的背部。這比起我們坐的共三層甲板的大船來，似乎有趣很多。

「非洲皇后號」用羅德西亞柚木、山毛櫸木、黃銅裝飾，每層設有酒吧，為客人提供飲料和花式小點心。這在大自然的狂野之河上，顯得過於精緻考究。

　　但「非洲皇后號」如此宣揚自己的精神：放縱的享受並不罕見，相反這是一種生活方式。如今它在尚比西河上獲得再生，客人能夠擁抱昔日特權生活的奢華以及未被時間改變的傳統非洲方式。

　　在勸說客人拋開負罪感享受貴族生活的同時，「非洲皇后號」一直在協助巴蘭馬老人院、盧巴族孤兒院、李文斯頓街頭兒童、李文斯頓醫院產房的社會福利工作，並為此自豪。

　　我們回程的途中，西邊河面的盡頭拉開一條燃燒的火線，落日帶著火舌沉入河水。而東邊，船尾後拖起大幅從粉紅到淺紫漸變色的綢緞，連漣漪都光滑得帶有絲質紋理。

↑　尚比西河畔的SPA，看著波光粼粼的河水做SPA很享受哦。

等我們上岸時，晚餐桌已用一塵不染的白桌布鋪設好，並點上蠟燭，搶先訂下尚比西河畔座位的客人們正陸續到來。那時候近處的樹影發黑，倒是樹與樹之間的河水還透出熒熒藍光。

大樹下兩名樂手敲打長短不一的空牛角做的馬林巴琴。身邊的女孩說：「這就是我們上午見到的那兩人。」我質疑：「穿花衣服玩馬林巴的人也許很多。」「可是妳看，高個的戴了一根牛骨項鍊，我上午看了就很喜歡。」她說。

後來在瀑布景區外的跳蚤市場上，她一口氣買下了十條項鍊。這些稀奇古怪的鏈子由植物種子、牛羊骨、孔雀石或木頭做成，在烈日炎炎的露天市場上有幾分灰頭土臉。

這是李文斯頓最大的兩個跳蚤市場之一，另一個位於從機場到小鎮的路上，顯得更為混亂無序。木雕幾乎成了跳蚤市場的主題，但總不是獨一無二。年輕的黑人攤主們漫天要價，他們一會兒露乞求之色，一會兒切換到砍價讓他受傷的表情，旋即又答應下來。他們常常用美元、南非幣之間的換算，把顧客和自己都搞得暈頭轉向。

倒是一些老黑人做的木雕像被自然賦予了不羈的魔力和能量。其中一家店鋪的地上堆著年輕黑人的爺爺的作品，不知為何他喜歡把人做成獨眼龍，在一隻眼睛裡敲一塊硬鐵皮，或讓頭上凸起幾根釘子。他在木人的下體纏上破爛的布條，在他們胸前用泥土粘上貝殼，並彷彿愛自己的孩子一樣，在他們隆起的腹部掏上一個肚臍眼。

年輕黑人覺得不可理解，有人愛這些纏著蜘蛛網的玩意兒，而對他製作的光滑笨重的柚木果盆不屑一顧。他不負責任地翻找出一男一女，便把他們當作一對酋長夫婦賣了給我。可惜這位木質疏鬆的年邁酋長，在中國的櫃子上待不上一個月，腰間就被蛀蟲噬出直徑半釐米的大洞。

市場盡頭的最後一家鋪裡，中年攤主一眼瞅見了我手中的圓珠筆。

他接過來左看右看，不捨得歸還。他說兒子學習用得著，願意拿一

個小木雕和我交換。這位幾分鐘前還在與客人激烈地討價還價的商人，現在慷慨地用一隻鐵木小獅子，換走了我的廉價筆。

　　因為，李文斯頓鎮的工業製品昂貴而稀少。在馬庫尼村（Mukuni），頂著爆炸頭的孩子們衝上來，向我們要糖和筆，分不到的就哭鬧不休。

　　李文斯頓當年聽到瀑布的轟鳴，見到嫋嫋水雲在空中瀰漫，正要靠近，卻被從未見過白人的村民當成魔鬼攔在村外。這個村應該就是馬庫尼村，只是那裡的一部分成了今天位於彩虹瀑布和主瀑布之間的李文斯頓島後，酋長帶了村民遷移新處。

　　如今的馬庫尼村接受過太多遊客的參觀了，但慶幸的是，它作為尚比亞七十三個自然村之一，依然真實而鮮活。我們到達時，村民們全然不受干擾地開展著自己的生活。女人們用又粗又高的木棍在木桶裡舂著什麼，為將要到來的節日做準備。大媽清洗尚比西河裡的魚，把牠做成魚乾。在這片紅色的細軟沙地上，法院、監獄、學校和皇宮一應俱全，

↑　酋長村中的魚乾攤位。　　　　　↑　酋長村中的女孩在自己家門口。

其實是幾間硬朗而乾淨的圓錐形茅草屋，而四百五十戶、七千多個村民的家就分布在公共場所的四周。

馬庫尼村的現任酋長「Siloka」已經是世襲的第十九任。有意思的是，在每一位酋長就職前，都必須吞下一顆神聖的石頭，等到臨終前再吐出來交給繼任者。酋長新生消亡，而石頭永遠見證著馬庫尼村的變遷。我懷疑這是一件皇帝的新裝，要不這非洲土地上真有魔幻的異類？可又怕追問急了，會惹惱虔誠的村民嚮導。

進入酋長的議事廳前得先半蹲在地擊掌三下，哪怕他並不在內。在寶座旁的大幅彩照上，他的指間舉著一片小圓物，我們猜是錢幣，可嚮導竟說是避孕套！擁有眾多地產而富有的「Siloka」我行我素，他以此

舉提醒自己的村民遠離愛滋病。同時他又是虔誠的基督教徒，奉行一夫一妻，雖然村中的習俗是：只要付得起聘禮，就可以無限制娶妻。當得知在維多利亞瀑布對面的空中彈跳落成後，他是首個從瀑布橋上躍入峽谷的勇士，我都幾乎要崇拜起他來。

可惜酋長不在家，我們以為自己運氣不佳，可陪同來的女孩說，她來了二十幾次，酋長從來都不在家。

現在的「非洲」二字會捆綁著什麼樣的意象？讓我們首先拋棄最迂腐的想像，那麼腦海中的場景會落實在現代的南非，還是原始的尚比亞？重現殖民奢華的皇家李文斯頓，或是旁若無人的馬庫尼村？

我們似乎集體染上了體驗強迫症，對所謂的非洲方式充滿了敏銳嗅覺，我們總是提著試圖「去偽存真」的問題：「這是本地人手工做的嗎？」「你平時在家吃的是這個嗎？」「只是這一個地方有賣嗎？」……當然，「Boma」晚餐又是一次自我滿足的好機會。

當廚師透露，那道特別的烤布丁是尚比亞孩子從小吃到大的傳統甜點後，所有人都放棄了巧克力慕司，把布丁盆子搗個底朝天。因為「Mosi」啤酒與大瀑布同名，桌上的杯子都齊刷刷換上了金黃的「Mosi」。而那道引來席間高潮的鱷魚沙拉，我試了一點，感覺像沙拉醬裡拌了肉鬆。

「Boma」晚餐就是在一個小院子裡擺設一條長桌，生上火堆，由廚師站在一旁現場烤肉。鍋子裡準備的是主食「nshima」，有點像玉米糊，淡而無味。吃飯間衝進來一群光著膀子的黑人，頭戴羽毛，穿毛皮裙，舉著皮盾和棍子，圍著桌子又唱又跳。演出有情節，從出戰前一直演到戰爭結束。大概是啤酒喝多了，我們桌上的客人也脫掉上衣、光了膀子加入其中。

回來後繞小路去尚比亞太陽酒店的花園，當晚有一支叫「Loscomodress」的本土樂隊正在那裡演出。

酋長手上拿著的是一枚避孕套哦。

酋長的家。

　　樂隊在臺上唱著「In the Jungle、The Lion King」，大人拉著孩子的手，在露天泳池邊歡快地跳舞。這座三星酒店與皇家李文斯頓的清淡、敞開式設計截然不同，採用封閉的土磚結構，用窯洞般的造型和暗紅色塗料勾勒出摩洛哥式的濃烈風情。我突然發現昨晚在皇家李文斯頓酒店的餐廳外彈吉他的「Cara」也在樂隊裡。他曾告訴我，他的父親是一位酋長。他喜歡音樂，自學吉他後已在皇家李文斯頓表演多年了。

　　而現在，他夾在外來的樂手中，吉他轉到了別人手上，他不時客串一下和聲，或機械地搖著手上的沙鈴，顯得有幾分落寞。

　　昨晚最後一桌客人離開後，他獨自對著夜色中的尚比西河撥起了琴弦。還有誰，願像一根成年水草般，在大河的懷中傾訴？

　　我想，雖然，他也許並沒有聽過那首叫《大河》的歌。⋯⋯⋯⋯✈

▶ Chapter 18 ◀

〔黃石公園〕
Yellowstone
National
Park
／
末日和新生
的交界

當牽牛花泉在我們
想要染指美的欲望中漸漸黯淡,
當狼群在我們自詡造物主一般的
權力欲中經歷著生死存亡,
我突然發現,
世界末日只是一個人造的概念。

總有人認真地問我：「妳真的信世界末日？」當我給出肯定的回答後，他們覺得不可思議——我這樣看似理性、喜歡邏輯的人，如何會相信世界會在某一天被全部推翻呢？

　　儘管歷代流傳的各種末日預言紛紛不攻自破，但人們提及「末日」這個詞時卻依然帶著一些戲謔、曖昧卻又嚴肅的表情，或許因為如今頻繁發生的地震、海嘯、戰爭和墮落，恰如《聖經》中所指的末日前的徵兆。

　　在末日預言中被提及最頻繁的「導火線」莫過於黃石火山的噴發。

　　無論地質專家如何闢謠，我們的恐懼讓這座成立於一八七二年的黃石公園從未顯得老套。它是世界上第一座國家公園，始終以震懾人心的美豔形象匍匐在大地之上，接受好奇之心和驚懼之心的瞻仰。

　　從我居住的威斯康辛州開車到位於懷俄明州的黃石公園大約要二十個小時。黃石火山一旦爆發，據說美國三分之二的國土都將被毀，而火山熔漿奔到威斯康辛州的速度恐怕比我們的車速快許多。在我們深夜奔往黃石公園的途中發生了一起意外。

　　光線昏暗時分我們正穿過一個山谷，兩旁是石壁懸崖和被大火燒焦的枯木——也許因此此地的路牌上才有「地獄谷」之名吧？增添恐怖氣氛的還有路邊一具具鹿的屍體。偶爾也會看見活鹿，掩藏在夜色中。

　　出了山谷，便又是平原，我們加大油門前進，想趕到下一個目的地水牛鎮休息。突然間，在車前燈白色的光束中出現了一個迷離的黑影。

　　只有幾米遠。一隻鹿！我還來不及叫出聲，身邊開車的H已經猛打方向盤躲避。在理智發揮作用前，車子衝下了右側的陡坡，向一排樹撞去。

　　在尖叫聲中，車子終於在撞上第一棵樹前煞住了。回頭一看，身後一片白霧，什麼都看不見。著火了嗎？我們驚魂未定，全都打開車門逃了出去。而後才發現白霧只是車速太快揚起的漫天塵土。車子一側的兩個輪胎都脫落了，陷在草叢中。

回頭望望公路，停了幾輛車，司機跑下坡來幫助我們。不一會兒，警車也呼嘯而至。一對母女打著手電筒為我們照明。那位母親比我們更害怕，她告誡道，以後千萬別再這麼做了，因為她見過許多車為了避讓鹿而側翻下斜坡人車盡毀的。「如果再遇到鹿，記得一定要握緊方向盤，踩著煞車撞上去。哪怕把車撞壞也比亂打方向盤安全。」她說。

員警大叔也拍拍他那輛高大結實的皮卡的保險桿，笑道：「知道我們為什麼開這樣的警車了吧？我們管它叫『野牛殺手』（bison killer），不要說鹿了，哪怕撞了野牛也不礙事。」

跟著小鎮上的拖車去了修車廠。本以為修車會花去太多時間，黃石公園之行也可能泡湯，但沒想到修車工幾下就把輪子裝回去了，檢查後發現沒有大的問題。因此一個小時後，我們又上路了。只是這次我們打亮了遠光燈，再也沒有人敢闔眼休息，只是瞪大眼睛搜索路兩旁可能出現的活物。

第二天清晨我們從東門進入黃石公園。一進門，便聞到瀰漫在空氣中的硫化氫的味道。這提醒我們已經行駛在火山口上，而不是一片普通的風光度假地。黃石火山並不位於地殼板塊相交處，而是地幔裡的一個熱點。熱點雖不移動，但板塊卻在飄移，因此黃石熱點產生於俄勒岡州的東北角，經愛達荷州，直到如今懷俄明州西北角的位置，將來還要往蒙大拿州和北達科他州移動。

一九八八年黃石發生一場天然大火災，至今還有無數焦黑的枝幹倒在地上或立在山坡上，營造了陰森恐怖的氣氛。枯木環繞的，是一望無際的黃石湖（Yellowstone Lake），湖水藍得深邃。從有些位置看，湖面顏色不斷變化，那是湖底熱噴泉噴發的效果。而如此龐大的黃石湖其實只占火山山口的一角。

倫敦的一位火山學專家說過：「黃石公園就像蓋在一個巨大的高壓鍋上的不很結實的鍋蓋。」這句話聽起來更像是整個人生的比喻，我們

的生活隨時可能隨著鍋蓋被掀翻，不管這噴薄而出的壓力是來自一座火山還是人自己。

在黃綠相間、平坦開闊的海頓山谷中，湛藍的黃石河蜿蜒而過。據說春天和初夏之際能看到灰熊在山谷中捕殺美洲大角鹿和美洲野牛的幼崽。黃石河再往西北流不多久，突然右轉，然後一瀉萬丈，沖刷出壯闊的黃石大峽谷。當在大峽谷的上瀑布（Upper Fall）時，朋友尚在說，這是他見過的最大的瀑布，可一刻鐘後，當我們到達下瀑布（Lower Fall）時，他已經推翻了先前的話。

只有站在黃石大峽谷時才明白為什麼這裡叫黃石公園。大峽谷兩邊岩石呈黃色，據說是被硫磺所染。當夕陽落在兩岸峭壁上，眼前一片自然之金光，絕非局促的鏡頭能表現。

我在大噴泉間歇泉（Great Fountain Geyser）那裡遇見了老頭約翰。在烈日下，他戴了漁夫帽，穿得有些落魄，坐在自帶的沙灘椅上，拿著一本本子寫寫畫畫。與他攀談後得知，眼前這個像蛋糕一樣層層疊疊的平靜水池黃昏時會有一次大噴發。

　　他帶我們繞著池子看：「你看有些地方一直在溢水，一般在它開始溢水後的六到七個小時後就會噴發。」約翰在蒙大拿州的一個小鎮上當郵差，他研究黃石公園的地熱間歇泉已經有三十五年了。每年的任何假期，他都會獨身前往黃石公園，記錄每個地熱泉的噴發規律、維持時間和變化。他喜歡大噴泉間歇泉，興奮地說起有一次他看見它噴到了六十多米高，要仰起頭才能看到頂端。

　　「你信世界末日嗎？」我問他。他想了想說：「我不知道……它還很遙遠，不是我們這輩子能遇上的。」「那黃石火山近期會噴發嗎？」他倒是笑了起來，搖頭：「不會，不會，我相信科學家的話。」

　　雖然我的專業讓我無法迴避進化論，可是我同樣相信《啟示錄》中約翰的話：「所以要回想你怎樣領受，怎樣聽見的。又要遵守，並要悔改。若不警醒，我必臨到你那裡如同賊一樣。我幾時臨到，你也絕不能知道。」儘管我們不知道這是哪一天，但人的罪惡行為勢必會加速那一天的到來。

黃昏時，我們在大噴泉間歇泉邊等待「演出」，一度有些焦慮，因為它遲到了半個小時。但終於，它出現了。完整的前奏、高潮和尾聲，就像一曲氣勢磅礴的交響樂。以玫瑰色晚霞為背景，它一次次奮力衝向天空，灑起冰涼的水珠，伴隨著觀眾的驚呼，最高時可達三十來米。

　　這裡是世界上最大的間歇泉集中地，全球一半以上的間歇泉都散落在黃石公園的原始森林中。它們每天此起彼伏、忙忙碌碌地以自己的節奏噴發。老實泉（Old Faithful Geyser）是第一個得名的間歇泉。

　　一八七〇年當一隊探險者到達此地，遠遠地看到它噴向約五十米高的空中時，個個都驚呆了，認為它近乎完美。由於老忠實泉每隔約六十或九十分鐘噴發一次（誤差只有幾分鐘），而成了黃石公園內最著名的景點。遊客們來了總不會落空，就像到了劇場，在弧形的觀眾席上挑一個座位，就可以等待它的下一次表演。

　　老忠實泉位於上間歇泉區（Upper Geyser Basin），沿著棧橋一路走去，身邊到處都是別開生面的演出，有的如脫韁猛獸，有的溫情脈脈。

I am a slow walker,but never stop

這是最為驚豔的牽牛花。

一些大的間歇泉旁邊會安排觀眾席。這裡如同一個脫離日常生活的大自然的魔法世界。

河畔間歇泉（Riverside Geyser）是上間歇泉區另一個有特色的景點。大家等在小河的這一岸，到了演出時間，河對岸岸邊的一塊大石頭裡突然斜斜地向高空噴發泉水。背景是樹林、山坡和天空，天上留下了一道道彩虹。演出結束後，國家公園管理員走過來寫下下一次噴發的時間：凌晨兩點。在星空下看著白色妖嬈的霧氣，聽著轟隆隆的聲音，或許感覺會更為魔幻。

我們最初發現河畔間歇泉是因為步行去找牽牛花泉（Morning Glory Spring）。當我們在森林小徑上徒步時曾與兩隻美洲大角鹿狹路相逢。雖然曾讀到牠們很有攻擊性，但那會兒，牠們只是靜悄悄地在樹林之間看著我們。

牽牛花泉在地震後也會變成間歇泉噴發，但大多數時間安靜、絢麗、奪目。它像是童話中的事物，因為本身帶著大自然中罕見的非常規色彩，形狀精緻，如同人工雕琢的寶石。只可惜聽說本來它的顏色更為豔麗，但許多遊客為它的美貌所誘惑，忍不住往泉中扔石塊和硬幣，堵塞了泉眼，導致顏色褪去許多。

黃石公園的這類彩池的出現是因為硫化氫吸引了各種細菌前來生活，把池水染得五彩繽紛。而一旦地殼變動，熱泉停止流動，死掉的細菌就變成白色的粉末，反射著耀眼的陽光，加上白色的枯枝，就像肅殺的死亡之地，比如猛獁熱泉（Mammoth Hot Spring）。

在某家商場的工作臺上，我們發現了營業員留下一塊有趣的牌子：「我正在野牛交通阻塞（Bison jam）中，一時沒法回來。」在黃石，這是一個遲到的好理由，因為動物具有優先路權，時常悠然自得地走上馬路，特別是遇到了美洲野牛群時，牠們可以幾十頭堵在路上，絲毫沒有避讓的打算。

一頭大角鹿慢慢向我走來，當身後人
都跑開時，我依然站在原地。

清晨的拉馬山谷（Lamar Valley），上千隻美洲野牛遍布草場，大角鹿、叉角羚羊在晨光下奔跑，遠處是晨霧繚繞的森林，夢境一般。

不一會兒我們看到前面有個小山坡上聚集了十幾個人，架著望遠鏡，卻安靜得彷彿在舉行什麼神秘儀式。有人悄聲告訴我，對面山壁上剛剛出現了一支狼群。就在這時，一聲綿長的哀嚎聲響徹山谷，接著又一聲，在上空盤旋。整個山谷靜得讓人不敢呼吸，只有狼叫聲消失後留下的孤獨的微風。

早些年，人類以為狼群只會危害遊客安全，而且覬覦狼皮的經濟價值，便把灰狼趕盡殺絕。可後來他們才發現，由於沒有了灰狼，大角鹿的數量不受控制，吃去當地橡樹幼苗，造成一連串生態危機。一九九五年，黃石公園重新引進狼群，目前大約有三百多隻生活在黃石區域。

我最喜歡的動物是大角糜鹿，牠的體型龐大，兩隻大角在底部連成一片，讓人想起清朝王宮裡那些女人頭上高聳的裝飾物。那天清晨牠慢慢向我走來，美妙得像一個童話。我有些忘乎所以，抱著相機站在河邊沒有挪步，絲毫沒有意識到橋上的人群用各種語言朝我喊：「快跑！」「妳知道那次有多危險嗎？」回來後，H時常重複這句話。

「這只是一頭糜鹿。」我總是這麼辯解。我執意相信獸類的善良，甚於相信人類。

黃石公園內最著名的老忠實泉，每隔六十或九十分鐘噴發一次，誤差只有幾分鐘。

黃石公園每年都會有一兩起黑熊或者灰熊殺死人的事故。有時候我覺得這才能讓人明白自己在公平的遊戲面前是如此不堪一擊，武器只是文明附加的卑鄙手段。

　　當牽牛花泉在我們想要染指美的欲望中漸漸黯淡，當狼群在我們自詡造物主一般的權力欲中經歷著生死存亡，我突然發現，世界末日只是一個人造的概念。

　　在一九八八年那場驚心動魄的天然火災之前，黃石公園已經蟲害氾濫，這些樹木已注定死亡。倒是這場大火在燒死樹木的同時也滅絕了寄生蟲，而後新生的健康樹木讓黃石公園恢復了生機。

　　在人類誕生之前，黃石已經有過三次大噴發，但地球依然存在。哪怕地球毀滅，它也會以另一種方式新生，正如蓬勃而發的新樹苗，或許到達生命頂峰，再度衰亡。這是一個圓圈，周而復始的過程，或許本沒有終點可言。而我們人生的短暫線條，一旦以融入這個圓圈的身份存在，便意味著在大自然中永生。

　　所以，若有一天黃石火山爆發，今日美景統統被毀，我寧願相信那將是一個更美輪美奐的世界的新開篇。·········✈

〔後記〕

　　曾見網上有人提問：「讀萬卷書」與「行萬里路」，你們認為哪個更重要？一個網友回答：不讀書，只行萬里路，無非是個郵差。許多人看了答案都會莞爾。無意冒犯郵差，他的回答只是說明了行走的距離並不能成為我們追求的目的。

　　當書架上許多旅遊書的封面都在鼓勵你立刻動身、出走，放棄枯燥的現實、擁抱世界時，卻沒有人告訴你，旅行必然只能是生活的一部分，而不能成為生活的全部；而生活本身呢，全然可以當做是一次漫長的旅行。

　　許多年前我從上海出發帶了兩個行李箱，來到美國中西部的小城M讀人類學博士學位，一住下已近六年。從為了讀中學而離家開始，我一直都在更換城市，而M城竟成了我這輩子居住最久、離開最少的地方。

　　由於學習繁忙，我減少了出遠門的時間。留下來的大部分時間裡，我都在讀書。也許是因為這個學科的特性，書的內容包羅萬象：非洲興起的巫術，亞馬遜的暴力儀式，太平洋小島的母系社會，薩摩亞人的青春期……許多地方是我從前去過的，可我的眼睛卻錯過了。或者說，當年的我即便見到了，心也錯過了。人類學給我提供一個更為深刻和貼近本質的角度去審視這個世界。即便我沒有出門，我也經歷了足夠多的有意思的人和故事。這也讓我明白了以前自己若只是舉著相機匆匆經過，實則卻是從未真正到達。

　　在讀書期間，我的活動範圍變得很小，因為簽證等等麻煩，也不太願意離開美國本土。有時只是和朋友冬日去山上滑雪，夏日週末在湖邊喝啤酒，學習駕駛帆船，或是去森林裡露營。沒有值得誇耀的地名，也沒有需要特別記錄的經歷，但這些時光卻構成了我生活的重要部分。

　　但我也出遠門，每次都是去東南亞的金三角地區。那裡是我的研究地點。但我們不叫它旅行，而是田野研究。它們的區別是什麼呢？田野研究就是在那個地方住下來，讓自己成為當地生活的一部分，獲得當地人的視角，參與並觀察他們的生活。

　　那麼，當我在一個陌生小鎮下來，當它從遠方的目的地變為佔據我一年時光的熟悉地點，它和我居住的M城有什麼本質區別？我又該怎麼定義這次經歷呢？

　　這也讓我某天突然明白，生活本身就是一次漫長的旅行呀。無論是我的家鄉，我讀中學的小鎮，我念大學的城市，這些過往，都可以視為漫長旅行的一部分。

　　為什麼不可以呢？我們都知道，旅行的意義在於打破日常生活中已安排好的邏輯和常規，前往另一個地域，期待相遇一些未知的風景，人物和事件。可再仔細想想，這些元素竟然都不是必需的。這個目的地可以是你以前從沒去過或者已經去過一百次的，這些有趣的事情你也許會遇見，也許壓根不會發生。那些風景，比如一次壯麗的日出，也是可遇不可求的。

　　那麼，旅行的意義究竟在哪裡呢？在我看來，旅行是對日常生活的一次反叛，可輕微，可嚴重。它的關鍵字是，偶然和未知。把自己放到一個不可完全掌控的環境中去，暫且放過可憐的安全感，讓可遇來代替可求。旅行中的種種偶然性大大超過了你每天的日常生活，是防不勝防的。

　　既然只在於未知和偶然，那麼我們的生活從長遠來看，不也是這樣嗎？你也許可以安排日常生活，卻永遠猜不到未來的生活是什麼樣子的？也許種種巧妙，也許種種不堪。我們也把這稱之為「命運」。

　　所以，生活或者旅行，它們是如此相似。我們唯一能做的，只有讓自己擁有一顆能享受偶然與未知的心，不倉皇，不憂慮。

　　我把印度的哲學家奧修說過的話送給大家：生命本該充滿驚奇，別說是不確定，叫它是「驚奇」；別說是不安全，叫它是「自由」。

Boarding Pass 01

我走得很慢，但我從未停下來

作　　者	何襪皮
攝　　影	何襪皮
責任編輯	苗龍
美術設計	比比司設計工作室
發 行 人	謝俊龍
出　　版	風格司藝術創作坊
	106 台北市大安區安居街 118 巷 17 號
	Tel：（02）8732-0530　Fax：（02）8732-0531
總 經 銷	紅螞蟻圖書有限公司
	Tel：（02）2795-3656 Fax：（02）2795-4100
	地址：台北市內湖區舊宗路二段121巷19號
	http://www.e-redant.com
出版日期	2015 年 05 月　第一版第一刷
訂　　價	380 元

國家圖書館出版品預行編目（CIP）資料

我走得很慢，但我從未停下來 / 何襪皮
作. -- 初版. -- 臺北市：風格司藝術創作
坊, 2015.04
　面；　公分
ISBN 978-986-91620-6-7（平裝）

1.遊記 2.世界地理

719　　　104004363

TopBook
覽书客